国家出版基金项目
NATIONAL PUBLICATION FOUNDATION

深度学习教学改进丛书

课程教材研究所 组织研究

张国华 主编

刘月霞 副主编

李 锋 钟咏梅 等 著

深度学习：走向核心素养（学科教学指南·高中信息技术）

教育科学出版社
·北京·

丛书编委会

主任委员： 张国华

副主任委员：

曾天山　刘月霞　江　嵩　莫景祺　韩春勇

委　　　员（按姓氏笔画排序）：

马云鹏　王　健　王　蔷　王云峰　王月芬
王尚志　刘　莹　刘卫红　刘晓玫　齐渝华
孙彩平　李　冉　李　进　李　锋　李月琴
李春密　李晓东　杨晓哲　吴忠豪　何成刚
陈雁飞　林培英　易　进　罗　滨　郑　莉
郑　葳　郑永和　郑桂华　胡久华　胡知凡
姚守梅　顾建军　徐淀芳　郭　华

本册作者团队

李　锋　钟咏梅　杨　磊　庄小云
梁靖韵　余世娟　彭丽欧　淦克果
李秋燕　姚佳璇　邱英杰

丛书序

党的十八大以来，习近平总书记立足世界发展大势和国家发展全局，着眼中华民族复兴伟大梦想，紧紧围绕"培养什么人、怎样培养人、为谁培养人"这个根本问题，作出了一系列关于教育的重要论述。2019 年，《中共中央 国务院关于深化教育教学改革全面提高义务教育质量的意见》《国务院办公厅关于新时代推进普通高中育人方式改革的指导意见》对义务教育和普通高中教学改革的方向提出了明确要求，强调要培养学生学习能力，积极探索基于情境、问题导向的互动式、启发式、探究式、体验式等课堂教学，促进学生系统掌握各学科基础知识、基本技能、基本方法，培养适应终身发展和社会发展需要的正确价值观念、必备品格和关键能力。

为贯彻落实习近平总书记关于教育的重要论述和中央关于基础教育教学改革的决策部署，教育部先后印发了新修订的普通高中和义务教育课程方案及各学科课程标准，把党的教育方针中关于学生德智体美劳全面发展的总体要求具体化、细化为各门课程要培养的核心素养并提出了具体的教学要求，基础教育教学改革进入以培养学生核心素养为主要任务的新阶段。

在落实课程标准理念要求过程中我们看到，教学实践层面面临诸多问题和困难。例如，学生主体地位无法完全落实，教学模式化、问题形式化、表面化以及"教教材"依旧突出，缺乏创新性转化，特别是教师开展基于课程标准、指向核心素养培育的系统教学设计和实施的能力还不够强，出现教学目标虚化、教学内容琐碎、教学方式和教学评价固化单一等问题。

为向各地教研员和教师开展基于课程标准的教学提供方向引领与行动指导，2014年以来，教育部基础教育课程教材发展中心（现课程教材研究所）组织百余位课程、学科领域的教育专家以及优秀教研员和骨干教师，在总结我国课程教学改革经验的基础上，以边研究、边实验、边总结提炼的行动策略，研发了深度学习教学改进项目，开展基础理论研究和义务教育阶段实践研究。2019年，为顺应深化普通高中课程改革工作的迫切需要，探索落实新修订普通高中课程标准的实践路径，在持续推进义务教育深度学习研究的基础上，同时开展了普通高中深度学习教学改进项目研究工作。

我们在项目实施过程中，始终坚持理论与实践相结合。一是坚持研究先行。建立项目研究组和实验区（校）研究共同体机制，开展深度学习理论框架、教学实践模型、学科教学指南等相关理论研究。二是坚持实验为重。在全国设立5个示范区、20余个实验区、500余所实验学校，覆盖北京、天津、辽宁、山东、江苏、上海、浙江、广东、河南、湖北、新疆、四川、重庆等地，万余名教师和教研员深度参与。项目组专家对实验区进行基于问题解决的多层次、全过程、广覆盖的线上线下指导，确保实验顺利推进。三是建立研修交流机制。项目组和各实验区以"问题导向、基于案例、参与浸润"为指导思想，组织开展多样化的通识和学科研修活动，并及时总结交流项目研究取得的好的工作思路、机制、经验和成果，研究解决突出问题，规划部署和改进研究、实验工作。

经过十年的研究与实验，项目取得了一系列成果和积极成效。一是构建了指向核心素养培育的深度学习理论框架和教学实践模型，研究明确了部分学科深度学习的特征和方法策略，整体性、系统性地回答了"什么是好的教学"以及"如何实现好的教学"，丰富了我国基础教育教学理论。二是开发了部分学科深度学习教学案例和研修案例，丰富了义务教育和普通高中各学科教学指导培训资源，为广大教研员和教师提供了实践指导。三是促进了教师课堂教学能力和专业发展水平提升，为教师探索并深度参与指向核心素养培育的教学改革搭建脚手架，培养了一批掌握和运用深度学习理念，高质量实施课程教学改革的优秀教研人员和骨干教师。四是探索区域和学校课程育人的基本经验与实践模式，依托项目实验区开展研究和实验，带动一批实验区、实验学校发展，并在当地乃至全国发挥示范引领作用。

2018 年年底，我们在总结项目阶段性研究成果的基础上，策划"深度学习教学改进丛书"，陆续出版了理论普及读本和部分学科教学指南，获得了教育领域及社会各界的广泛关注和一致好评。理论普及读本重在解读基本理论和实施策略，学科教学指南重在为广大教研员和教师提供基本思路与操作方法。

近期，随着研究的不断深入，根据新修订的普通高中和义务教育课程标准，我们一方面对已出版的理论普及读本和部分学科教学指南进行修订完善；另一方面，启动其他学科教学指南的研制工作，以期实现项目研究在义务教育和普通高中的学科全覆盖。我们在出版研究成果的同时，还将通过实施培训研修、开展在线教研等方式，宣传、交流研究成果，指导、引领全国各地教研教学工作。

2023 年 5 月，教育部印发了《基础教育课程教学改革深化行动方案》，为深化基础教育课程教学改革提供了方向引领和行动指南。我们希望深度学习教学改进项目系列研究成果，能为高质量推进基于课程标准、指向核心素养培育的教学改革提供有力支撑，助力高质量基础教育体系建设，服务教育强国建设。

张国华

课程教材研究所党委书记、所长

目　录

前　言

　　《深度学习：走向核心素养（学科教学指南·高中信息技术）》是"深度学习"教学改进项目的阶段性成果之一，是在项目研究与实验成果基础上，对高中信息技术课程深度学习理论的系统思考和实践应用的案例总结，主要回答了什么是高中信息技术深度学习，如何开展高中信息技术深度学习，以及如何组织与实施高中信息技术深度学习等问题。素养导向的高中信息技术课程目标更加关注学生整体性发展，其教学实施必然要采用与之相适应的教学理念来推进，加强学生对信息技术课程的深度学习，推动教与学方式改革，是落实信息技术学科核心素养的关键举措。

　　本书在编写过程中力图体现以下四个特点。一是以学科核心素养为导向。坚持立德树人根本任务，将信息意识、计算思维、数字化学习与创新、信息社会责任的学科核心素养作为理论架构和单元教学设计的出发点，通过深度学习的实施指向学生正确价值观、必备品格和关键能力的培养。二是针对信息技术学科教学难点和痛点。为提高本书实效性，本书梳理了信息技术教学中编程、大数据、物联网和人工智能等教学难点问题，分析解决对策，给信息技术教师理解课程标准、落实学科核心素养提供"抓手"。三是力求内容实用和好用。本书内容依据深度学习基本理论，注重吸收普通高中信息技术课程标准最新相关理论成果及教学实践成果，结合实验区的课程改革实践经验，从单元教学层面遴选优秀教学案例，为基层教师开展信息技术深度学习的教学活动提供可资借鉴的经验。四是努力做到语句通俗易懂。为方便教师理解信息技术学科深度学习的基本理论，增强可读性，在文字上尽量做到深入浅出、通俗易懂，在表述方式上采用问题分析的方式，针对具体问题进行说明和解释，辅以案例进行说明。本书在编写过程中，有针对性地进行了实践调研与课堂观察，将优秀的教学实践加以总结和推广，为教师开展深度学习的教学提供可资借鉴的案例，避免信息技术教学过程中机械训练或浅层次模仿，通过理论与案例相结合帮助教师加深对教学本质和过程的理解，通过深度学习落实信息技术学科核心素养，促进学生更好地学习。

本书共包括五章。第一章"高中信息技术深度学习的内涵与意义"。阐释了深度学习的理论基础和学术研究背景，从"活动与体验""联想与结构""本质与变式""迁移与创造""价值与评判"等方面分析了信息技术深度学习的内涵与特征，从学科核心素养落实、大概念实践以及教与学方式转变等方面分析信息技术学科深度学习的意义和必要性。本章由李锋、庄小云共同撰写完成。

第二章"指向深度学习的高中信息技术学科教学基本要求"。解读深度学习的条件、路径和各环节的具体策略，结合信息技术学科内容与教学特点，从素养导向的学习目标、引领性学习主题、挑战性学习任务、持续性学习评价、开放性学习环境和反思性教学改进分析深度学习教学设计与实施的六个要素，建构指向深度学习的教学实践模型。本章由李锋、杨磊和梁靖韵共同撰写完成。

第三章"高中信息技术深度学习的教学关键问题与对策"。针对当前高中信息技术教师在信息技术课程标准实施中的难点和痛点，从编程、大数据、物联网、人工智能等方面分析解决问题的方法与策略，通过剖析教学案例给出具有操作性的实施路径和具体建议。本章由李锋、余世娟、彭丽欧、淦克果和庄小云共同完成。

第四章"高中信息技术深度学习的教学案例"。依据《普通高中信息技术课程标准（2017 年版 2020 年修订）》，按照信息技术深度学习实践模型，开展"认识学情数据，助力数字化学习""人工智能赋能美好生活""简易特色课程选课系统的设计与实现""智能小车的设计与制作"教学案例研究，为教师教学提供可资借鉴的案例。本章由钟咏梅、庄小云、李秋燕、姚佳璇和邱英杰撰写完成。

第五章"高中信息技术学科深度学习教学改进项目实施经验"，提炼实验区、实验校开展信息技术学科深度学习的教学改进经验，概述"以点带面、示范引领、整体提升"的推进策略，分享了"合作的教师群体文化"建设的教研团队组织方式，为教研员和教师开展信息技术学科深度学习教研活动提供支持。本章由钟咏梅和庄小云撰写完成。

本书是对信息技术学科深度学习的理论研究与实践探索，随着深度学习开展的深入，我们还会进一步丰富和完善信息技术学科深度学习的理论、方法与案例。由于本书涉及信息技术、课程与教学、学习心理学等多个领域的内容，书中难免有不足和疏漏之处，恳请读者朋友批评指正。

李 锋

华东师范大学文科大楼

第一章

高中信息技术深度学习的内涵和意义

　　普通高中信息技术课程是一门旨在全面提升学生信息素养，帮助学生掌握信息技术基础知识与技能、增强信息意识、发展计算思维、提高数字化学习与创新能力、树立正确的信息社会价值观和责任感的基础课程。该课程围绕信息技术学科核心素养，精练学科大概念，吸纳学科领域的前沿成果，构建具有时代特征的学习内容，对培养学生成为信息社会合格的数字公民起着重要的作用。以学科核心素养为导向的信息技术课程目标更加关注学生的整体性发展，其教学实施必然需要与之相适应的教学理念来推进。加强信息技术深度学习，推动教与学方式的变革，促成信息技术学科核心素养的发展是当前信息技术课程改革的新挑战。

第一节　高中信息技术深度学习的内涵与特征

一、什么是深度学习

　　深度学习是指在教师引领下，学生围绕着具有挑战性的学习主题，全身心积极参与、体验成功，获得发展的有意义的学习过程。在这个过程中，学生掌握学科的核心知识，理解学习的过程，把握学科的本质及思想方法，形成积极的内在学习动机、高级的社会性情感、积极的态度、正确的价值观，成为既具独立性、批判性、创造性又有合作精神，基础扎实的优秀的学习者，成为未来社会历史实践的主人。[①] 该概念通过"引领性学习主题"和"挑战性学习任务"凸显教学过程要有核心活动，确保学生学习过程中的认知深度；通过"全身心积极参与、体验成功"界定学习过程中学生参与的思维深度和情感态度的统一；通过"获得发展"界定学习结果的深度。

---

① 刘月霞，郭华. 深度学习：走向核心素养（理论普及读本）［M］. 北京：教育科学出版社，2018：32.

新课程改革背景下，深度学习的提出与实践在于实现立德树人的根本任务，培养和发展学生的核心素养，促进学生的全面发展。因此，深度学习的本质并不是一种新的教学方式或教学模式，而是鼓励教师深入探讨教学规律，研究学生学习规律，真正帮助学生学习、发展与成长，是教学规律在教学实践中的具体化，主要表现为[①]：

◎ 深度学习是教学中的学生学习而不是一般学习者的自学，因而必有教师的引导和帮助。

◎ 深度学习的内容是有挑战性的人类已有认识的成果。也就是说，需要深度加工、深度学习的内容一定要是具有挑战性的内容，它们通常是构成一门学科基本结构的基本概念和基本原理，而事实性的、技能性的知识通常并不需要深度学习。

◎ 深度学习是学生的感知觉、思维、情感、意志、价值观全面参与、全身心投入的活动。

◎ 深度学习的目的指向具体、社会的人的全面发展，是形成学生核心素养的基本途径。

二、高中信息技术深度学习的内涵

高中信息技术有着学科自身的知识体系和内容特征，其深度学习是在继承深度学习一般特征的基础上，依据信息技术学科核心素养，结合学科大概念，赋予深度学习更深层次、更富有学科特征的内涵，突出信息时代"数字化""网络化""智能化"的要义，按照学生的学习和生活经验，设计与信息技术相关的社会现实问题和情境，帮助学生成长为有效的技术使用者、创新的技术设计者和理性的技术反思者[②]。

高中信息技术深度学习是学生在教师引领下，通过基于真实问题

---

① 郭华. 深度学习及其意义［J］. 课程·教材·教法，2016，36（11）：25-32.

② 中华人民共和国教育部. 普通高中信息技术课程标准（2017 年版 2020 年修订）［M］. 北京：人民教育出版社，2020：2.

情境的学习活动，结合数据、算法、信息系统和信息社会等学科大概念，掌握信息技术特有的学科方法，领悟本学科独特的育人价值。在完成具有挑战性的学习任务的过程中，主动应用信息技术学科方法设计、实施、优化问题解决方案，创造性地解决问题，反思学习过程，增强信息意识，启迪计算思维，提高数字化学习与创新能力，树立正确的信息社会价值观和责任感。

根据以上关于高中信息技术深度学习的概念界定，我们可以从以下方面理解其内涵。（1）学习内容紧扣数据、算法、信息系统和信息社会等学科大概念，结合信息技术变革的前沿知识与国际信息技术教育的发展趋势，引导学生学习信息技术的基础知识与技能。（2）学生是深度学习的主体，他们处于主动学习的状态，积极参与和全身心投入具有挑战性的学习任务，掌握信息技术学科方法和学科思想。（3）学习活动面向高级认知技能的获得，强调应用、分析、评价与创造能力的培养，涉及高阶思维活动。例如，在解决问题的过程中，合理选用数字化工具，提高解决问题的效率，发展计算思维。（4）学生通过学习掌握信息技术特有的学科方法，具备应用学科方法解决问题的能力（数字环境下的正确价值观、关键能力和必备品格），这是深度学习的重要任务。例如，针对所需解决的问题进行需求分析，设计解决问题的方案，通过编程方式对方案进行验证，并对方案进一步迭代和优化。（5）提升学生的信息素养、培养合格的数字公民是信息技术深度学习的目标，引导学生理解个人和信息社会的关系，按照信息社会的行为规范，负责任地开展信息活动，具备在信息社会适应、生存与发展的基本素养。

三、高中信息技术深度学习的特征

深度学习是针对教学中存在的"表层学习""机械学习"以及学习后"知其然而不知其所以然"等问题开展的，它超越心理学的一般学习理论，不仅强调心理学意义上的个体参与、个体建构，更强调社会意义上的个体参与，强调社会建构、历史建构①。根据教育部基础教育课程教材发展中心"深度学习"教学改进项目组（以下简称深度学习项目组）提出的深度学习的特征，结合高中信息技术课程注重实践性、创新性的特点，高中信息技术深度学习一般具有以下特征。

1. 活动与体验

活动与体验是深度学习的核心特征，回答的是深度学习的运行机制问题。其中，"活动"强调学生作为主体参与其中，而非简单的肢体活动。学生要成为学习的主体而不是被动的知识接收器，就得有"活动"的机会，有"亲身经历"（用自己的身体、头脑和心灵去模拟、去经历）知识的发现、形成、发展的过程的机会。"体验"是指学生作为个体全身心投入活动时的内在体验，既包含学生对所学知识与技能的感知和理解，也包含学生对学习过程的情感反应，理性而高尚的体验，必是在有意义的社会活动中生发的。由此可见，学生对信息技术的学习不是被动地去接受外在知识的灌输，也不是实践开展的盲目试错，而是通过主动的、有目的的活动，体验、理解、掌握、建构信息技术知识与技能。

在信息技术教学活动中，为凸显学生在教学中的主体地位，教师要依据教学目标创设符合学生认知特征的活动情境，把信息技术知识技能和需要解决的问题融入单元主题学习中，引导学生开展活动和体验，全身心沉浸在主题情境中，开展以解决问题为导向的方案设计、新知学习和实践探索。

例如，在信息系统的学习中，通过"小区智能停车系统"主题活动，引导学生利用开源硬件进行模拟搭建与编程实现，学生在系统设计和动手实践过程中，体验信息系统中输入、处理、输出各模块的功能，了解信息处理的过程与方法。

---

① 郭华 . 深度学习及其意义 ［J］. 课程·教材·教法，2016，36（11）：25-32.

2. 联想与结构

联想与结构既指学生学习方式的样态，也指这样的学习方式所处理的学习内容（学习对象）。作为学习方式的样态，联想与结构处理的是人类认识成果（知识）与学生经验的相互转化问题。学生通过调动以往的学习和生活经验来参与课堂学习，把课堂学习内容与已有的经验建立起结构性的关联，从而将知识转化为与学生个体有关联的、能够操作和思考的内容。

在信息技术教学活动中，为引导学生建构相应的知识与技能，实现新旧知识技术的融会贯通，就要对相关的内容进行结构化处理，在原有学习经验基础上为学生提供"脚手架"支持。通过对学生学习经验的分析，以信息技术学习内容整体规划和结构化设计体现"联想与结构"的特征，引导学生以建构的方式学习结构中的知识，通过建构将学习内容本身所具有的关联和结构进行个人化的再关联、再建构，从而形成自己的知识结构。①

例如：在"简易特色课程选课系统的设计与实现"单元主题教学（详见本书第四章案例3）中，以引领性学习主题整体设计挑战性编程活动项目，所设计的主题内容"特色课程选课"是每一位学生在学习活动中都可能要经历的事情，学习主题与学生个人经验进行了关联，可以激发学生的学习动机。在活动过程中，设计学生需要经历的"需求分析—算法设计—编程实现问题解决的算法—运行和调试程序"全过程的环节与步骤，把计算思维的培养与编程学习过程结合起来，将零碎的知识整合起来建构成知识结构框架，以此发展计算思维。

3. 本质与变式

本质与变式回答的是如何处理学习内容（学习对象）才能够把握知识的本质，从而实现迁移的问题。学生基于对系统变异的学习材料

---

① 郭华. 深度学习的五个特征 [J]. 人民教育，2019 (6)：76-80.

的加工把握学科本质（基本思想、基本方法、基本过程），进而演化出更多变式。强调学生与学科内容的深度交互，是教学目标及单元主题的重要理论来源。把握本质的过程是去除非本质属性的干扰、分辨本质与非本质属性区别的过程，是以简驭繁、削枝强干的前提，也是对学习内容进行深度加工的过程。掌握变式的方法就是要把"不变"的本质迁移运用到"变化"的情境中去，帮助学生学会学习，使其形成对学习对象深度加工的意识与能力，提升智慧水平，加强与知识的内在联系。

在信息技术教学活动中，通过问题情境的发展与变化，学生可以深入学习信息技术学科方法，既要掌握利用信息技术工具解决问题的基本功能特征，也要针对不同的技术工具的特点理解反映这些特征所表现出的不同形式。例如，同样是图形处理软件，两种软件的功能特征基本是一样的，只是由于某些设计的不同，其布局和呈现方式可能会出现"变式"，但这些变化反映的依然是其本质特征的功能。其中，"本质"强调了采用计算机科学领域的方法界定问题，抽象特征，建立结构模型，合理组织数据，运用数字化工具解决问题的一般性过程与方法。"变式"关注了不同问题情境中学生应用信息技术方法的能力，在"变化"中把握"不变"的本质，把"不变"的本质迁移运用到"变化"的情境中去，突显了利用信息技术解决问题的多样性与灵活性。

例如，在"简易特色课程选课系统的设计与实现"单元主题教学中，该系统的设计与完成又可划分为一系列子模块。例如，学生登录模块需要考虑的用户账号、密码验证、安全设置等相关功能的设计与实现；学科选课时需要考虑班级人数、时间安排、组班方法等功能的设计与实现。这些子模块的设计与实现反映出不同的情境变化都需用到问题分析、步骤设计、效果验证、优化迭代的算法思想，但是在不同问题情境中又有相应的变化，可以引导学生在不同情境"变式"中，采用"本质"的方法解决各子模块的问题。学生需要利用所学的信息技术知识与技能在不同情境下对各子模块进行灵活的设计和问题解决，在变化多样的情境中掌握学科内容、本质内容和变式应用。

4. 迁移与创造

迁移与创造解决的是知识向学生个体经验转化的问题，即将所学知识转化为学生综合实践能力的问题。在教学过程中，它既可以表现为在熟悉或陌生的情境中运用所学内容解决实际问题，也可以表现为运用所学内容设计和创造多种形式的"产品"，包括设计的方案、编写的程序、创作的数字作品、开发的简易信息系统等。

对于信息技术教学而言，迁移与创造是落实信息技术学科核心素养的重要方式，主要表现为两个方面：一是通过判断、分析与综合各种信息资源，运用合理的信息技术学科方法形成解决问题的方案，并迁移到与之相关的其他问题中；二是掌握数字化学习系统、学习资源与学习工具的操作技能，将其运用于开展自主学习、协同工作、知识分享与创新创造。

例如，学生在"简易特色课程选课系统的设计与实现"单元主题活动中，通过创设数字化学习环境和活动拓展，引导学生进行自主、协作学习，开展探究活动，将利用编程解决问题迁移至"基于大数据的智能图书管理系统"之中，学生在经历、理解的过程中，可以将编程解决问题的方法在不同情境中举一反三，触类旁通。通过引领性学习主题引导学生经历需求分析、设计算法、编程验证的一般方法，并通过在不同主题情境的应用，实现一般方法的迁移与创造。

该特征提醒教师，在做教学设计时，要把学生的学习置于数字化、网络化、智能化的环境中，在真实数字化情境中，引导他们应用信息技术的方法与工具主动发现问题，使他们在解决现实问题时实现对信息技术知识的实践转化和综合应用，将数字化学习与创新的学科核心素养落实在课堂教学中。

5. 价值与评判

价值与评判回答的是教学的终极目的与意义的问题，即教学是培养人的社会活动，要以人的成长为旨归，表现为学生对信息技术学习内容与学习过程的理解与反思，是培养有社会责任感、有独立思考能力的人的重要活动路径。

"信息社会责任"是信息技术学科的一项核心素养，是学生生存于信息社会，"在文化修养、道德规范和行为自律等方面应尽的责任"①。通过信息技术课程学习，学生要能够在数字化环境下保护好自己，依据法律法规合乎规范地开展信息活动，自信、从容、负责任地生活在信息社会中。可见，信息技术课程不是单纯地培养"工具的使用者"，而是塑造知法懂法守法、充满情感和生命价值的"合格的数字公民"。

例如，"人工智能初步"模块的单元教学引导学生以人工智能在计算机视觉（图像识别）的一项重要应用——人脸识别为切入点，学习人工智能的相关知识，了解智能信息处理的巨大进步和应用潜力，理解人工智能在信息社会中的重要作用，并认识到应用智能技术进行信息处理时存在的安全隐患，提高信息安全意识等。学生在人工智能应用场景的活动与体验过程中，增强信息意识，发展计算思维，提高数字化学习与创新能力，担负起信息社会责任。

因此，在信息技术教学过程中，价值与评判要求教师不仅要关注信息技术学科工具与方法的掌握，还应该在活动中提高学生的信息安全意识与能力，具备良好的信息道德，遵守信息法律法规，成为信息社会中的"合格数字公民"。

第二节　为什么开展高中信息技术深度学习

一、促进学生信息技术学科核心素养的发展

面向学科核心素养教学是我国教育改革历程中对"双基"教学、

---

① 中华人民共和国教育部．普通高中信息技术课程标准（2017 年版 2020 年修订）[M]．北京：人民教育出版社，2020：6.

"三维目标"教学的再次升级，其目的是"进一步提升学生综合素质，着力发展核心素养，使学生具有理想信念和社会责任感，具有科学文化素养和终身学习能力，具有自主发展能力和沟通合作能力"①。修订后的高中信息技术课程标准将学科核心素养贯穿至全体模块的设计中，更加关注学科的育人价值，促使教学从"关注知识点的课时设计"向"强调知识结构的单元设计"发展。然而，分析高中信息技术新课程教学案例可以发现，还存在着"计算思维教育简化为编程练习""数字化学习与创新培养简化为技术操练""信息社会责任简化为课堂故事"等问题。②

深度学习的理论与实践模型为落实信息技术学科核心素养提供了发展路径。深度学习项目组在借鉴国外相关研究成果和总结我国课程教学改革经验的基础上，开展了"深度学习"理论与学科实践研究，作为落实学生发展核心素养和学科课程标准的前沿成果，"深度学习"理论契合了以信息技术学科核心素养为目标的课程理念，着力解决当前课堂上存在的重点和难点问题，为有效落实信息技术学科核心素养提供了理论依据。

深度学习以"学习单元"为依托。作为信息技术结构化知识，学习单元提供更宽泛的组织空间，结合主题情境为学生创设探究体验的机会，引导学生围绕有意义的学习主题，参与到信息技术的学习活动中，逐步掌握学科的核心知识，理解学科的本质及思想方法，形成正确的情感态度与价值观，成为具备信息素养的公民。相对于课时教学设计，学习单元的整体性特征，克服了碎片化、孤立进行课时教学中"只见树木、不见森林"的局限③，为落实信息技术学科核心素养提供

　　① 中华人民共和国教育部．普通高中信息技术课程标准（2017 年版 2020 年修订）[M]．北京：人民教育出版社，2020：3.
　　② 李锋，程亮，王吉庆．面向学科核心素养的信息技术单元设计与实现 [J]．课程·教材·教法，2021，41（10）：114-119.
　　③ 熊梅，李洪修．发展学科核心素养：单元学习的价值、特征和策略 [J]．课程·教材·教法，2018，38（12）：88-93.

了空间、支架和平台。

　　例如，在"开源硬件项目设计"模块的教学中，以"智能小车的设计与制作"为单元学习主题，引导学生亲历基于开源硬件的项目开发过程，即基于真实问题提出需求—基于开源硬件设计方案—应用开源硬件和程序设计实现功能—测试运行与优化—作品发布与评价，在此过程中，学生需要经历应用信息技术开展问题分析、模型建构、自动化实现的全过程，不仅可以体验基于开源硬件问题解决的方法，而且可以在活动中践行开源思想与分享精神，形成保护开源知识产权的价值观，促进信息技术学科核心素养的落实。

二、促进信息技术学科大概念的实践

　　深度学习的一个重要标志，就是能将外在的教学内容转化为学生内在的精神力量，而教学内容并不能直接转化为学生的精神力量，必先转化为学生能够进行思维操作和加工的教学材料，成为学生学习的对象。[①] 新修订的高中信息技术课程标准为明确信息技术课程独特的学科教育功能，通过"自底向上的文献梳理"和"自顶向下的学科分析"，提炼出数据、算法、信息系统、信息社会等学科大概念。大概念是学科思想方法和学科理论体系的负载体，能揭示学科知识内容之间的普遍联系并能反映学科本质。[②] 通过学科大概念可以明晰高中信息技术课程的知识结构，理顺课程内容的逻辑关系，为设计与开发信息技术教学材料提供依据，为实现学生内在精神的转化提供抓手。

　　在信息时代，学生借助网络和各种信息技术工具能较容易地获得知识，但是缺少对知识的理解、内化和实践。因此，在信息技术学科的深度学习为学生提供体验与实践机会的活动中，要合理融入结构化

---

　　① 郭华. 深度学习及其意义 [J]. 课程·教材·教法，2016，36（11）：25-32.

　　② 邵朝友，崔允漷. 指向核心素养的教学方案设计：大观念的视角 [J]. 全球教育展望，2017，46（6）：11-19.

的学科大概念，引导学生体验信息技术学科思想方法，发展应用信息技术知识与技能、学科方法解决问题的能力。在"认识学情数据，助力数字化学习"单元主题活动中，"数据"作为核心概念贯穿活动的始终，学生体验借助数字化工具获取学情数据，掌握数字化工具的应用方法，了解学情数据的特征与作用；通过分析学情数据（自己和同伴的学习数据）判断个性化的学习习惯、学习行为，通过分析学习数据发现学习过程中存在的问题信息，提升数字化学习生活的自主性；利用大数据平台生成学习评价报告，剖析个人学习的薄弱点，养成良好的数字化学习方式，提高数字化生存能力。可见，基于单元主题的深度学习设计是依托大概念系统地组织学科零散的知识，并以结构化方式"锚定"单元知识框架，用以支持学生理解知识的相互关系及相互作用，将学科知识与技能转化成学生开展相应实践活动和问题解决的材料与路径。

三、促进信息技术学科教与学方式的转变

《普通高中信息技术课程标准（2017 年版 2020 年修订）》的基本理念指出，应"倡导多元化教学策略；激发学生开放、合作、协商和注重证据的行动意识，使其积极参与到信息技术支持的交互性、真实性的学习活动中；鼓励学生在不同的问题情境中，运用计算思维形成解决问题的方案，体验信息技术行业实践者真实的工作模式和思考方式"。在问题解决过程中提升信息素养。这些学习理论契合深度学习所提出的高层次认知目标，强调高阶思维能力的培养，注重学习过程中的反思与元认知的内涵。因此，在信息技术课程实施中，其深度学习的开展不仅在于克服机械学习、浅层学习的弊端，让学生学得主动、积极，更重要的是，要克服长期以来教学中二元对立的观点，使教师、学生、教学内容（知识）获得高度的统一，使教学内容（人类历史文

化、人类认识成果）实现其本应有的价值①，实现"教与学"方式的转变。

　　深度学习是通过把握基本问题来揭示学科本质的核心内容，引导学生在真实的生活情境中运用所学知识促进知识的学习理解、迁移探索，从而培养学生的问题解决能力，正确导向教学的有效发生。"问题"作为引发学生认知冲突、联结既有认知结构与新知识技能的"节点"，为学生提供了探究、协作与创新活动的机会。"引领性学习主题"促使学生从单纯的、封闭式的、线性的活动，走向复杂的、开放的、探索性的学习任务的完成，从个体学习走向师生、生生共同学习和合作交流，从简单记忆走向深度思考、学以致用。② 例如，在教学案例《人工智能赋能美好生活》的教学活动中，选用典型人工智能信息系统"人脸识别"作为真实情境，设计在不同"图片数据集"中产生识别效果的问题，引导学生深入了解人工智能技术，探究人脸识别的影响因素和系统实现过程，掌握使用智能信息工具解决问题的过程与方法，感受人工智能给社会各领域所带来的巨大变化。学生针对需要解决的问题，在积极、主动探究的过程中进行深入思考，完成知识的建构，实现学习方式的转变。

　　深度学习吸纳了学习科学的基本原理，将围绕信息技术学科核心素养建立起来的大概念、原理知识、结构性框架以及其中的关键性问题，视为最有学习价值的知识。通过呈现信息化问题情境，让学生在前概念基础上开展信息活动探究，在与个人经验对接过程中，进行信息知识建构、数字化问题解决和反思改进，实现概念的连接和知识的迁移。深度学习可以促进学生学习方式的改变，整体提高信息技术课堂教学的质量和水平。

---

　　① 郭华.深度学习及其意义 [J].课程·教材·教法，2016；36（11）：25-32.
　　② 刘月霞.指向"深度学习"的教学改进：让学习真实发生 [J].中小学管理，2021（5）：13-17.

第二章

指向深度学习的高中信息技术学科教学基本要求

学科核心素养教学是"学科核心素养—课程标准—单元设计—课时计划"分步转换、环环相扣的过程。然而，在教学实施中，受课时设计、文本解读与专业理解等因素影响，各环节的转换过程会出现一定的"落差"，这限制了学科核心素养的有效落实。为有效落实学科核心素养，深度学习倡导单元学习，每个学习单元由若干课时组成。在学习单元设计中，要求教师建立好学科核心素养与学科核心内容之间的关系，依据课程标准和教材，选择有利于培养学科核心素养的教学内容和情境素材，制定学习目标、选择学科内容、设计学习活动、开展课堂教学、进行学习评价，环环紧扣，使学科核心素养具体化、可培养、可干预、可评价。①

第一节　指向深度学习的教学实践模型

从"课时学习"到"单元学习"是深度学习方式变革的具体体现。在深度学习中，每个学习单元内，结构化的知识、挑战性的任务和实践性学习的整体设计和实施，都有利于学生学科核心素养的发展。② 深度学习需要一定条件的支持，教师对学习目标、学习内容、学习过程和学习评价进行设计是深度学习发生的保障。在理论与实践研究的基础上，深度学习项目组设计研制了"指向深度学习的教学实践模型"，该模型包括深度学习教学设计与实施的六个要素，其中有四个核心要素，即素养导向的学习目标、引领性学习主题、挑战性学习任务和持续性学习评价；两个支持要素，即开放性学习环境和反思性教学改进。指向深度学习的教学实践模型如图2-1-1所示。

① 刘月霞，郭华．深度学习：走向核心素养（理论普及读本）［M］．北京：教育科学出版社，2018：72.

② 罗滨．深度学习：从课时教学目标到单元学习目标［J］．北京教育（普教版），2018（12）：18-19.

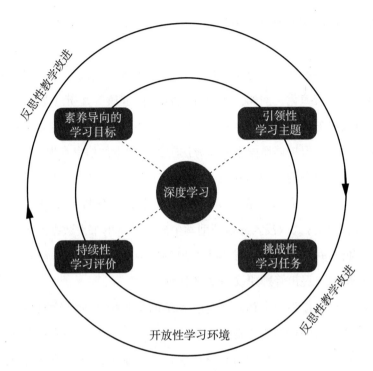

图 2-1-1　指向深度学习的教学实践模型

一、学习单元的概念与特征

学习单元是整体落实学科核心素养的基本学习单位，是目标、内容、活动、评价、环境的整合，它是课程开发的基础，也是课时计划的背景条件。学习单元是围绕学习主题组织起来的，包含系列化的挑战性学习任务，帮助学生获得整体发展。单元学习活动可保证学生对于学习主题的完整理解，克服学习内容割裂和碎片化，减少不同课时教学中原地踏步式的重复，在整体优化的基础上产生聚集效应，使学生对知识的理解由浅入深地进行。一般来说，学习单元具有整体性、核心性和生长性的特征。

第一，整体性。学习单元由围绕学习主题形成的内容结构、序列化的学习活动和开放性学习环境等要素整合而成，有利于整体落实学科核心素养。

第二，核心性。学习单元以大概念为引领，强调内容组织结构化和内容呈现情境化。例如，在"体质数据促健康"单元主题中，围绕着学科大概念"数据"，引导学生采集、分析和处理个人健康数据，基于大数据设计保护体质健康的新方法，提高学生的信息意识。

第三，生长性。学习单元以学科核心素养及其进阶发展为目标，体现其生长性。例如，在"共享单车应用数据分析"主题中，通过"问题链"的方式由浅入深地帮助学生理解共享单车大数据的生成、采集和分析，并可进一步引导学生开展利用数据分析结果、预测共享单车使用情况、提出管理建议等学习活动。

学习单元作为一个相对完整、系统的学习历程，其组织逻辑很大程度上体现出课程的组织逻辑。面向学科核心素养进行单元设计就要围绕学科核心素养，在分析教材与学情的基础上，紧扣学科大概念设计学习目标，通过引领性学习主题设计挑战性学习任务，促进学生在活动和体验中进行深度学习。

二、指向深度学习的教学实践模型的要素分析

深度学习强调学生在教师引领下，围绕具有挑战性的学习任务，通过学生和教师、学生和学生、学生和环境之间深入互动，经历相对完整的学科认知活动或问题解决过程，进而实现相应学科核心素养的进阶发展。以学习单元的视角来备课、上课是深度学习的重大突破，而学习单元的本质内涵是学生的"学习单元"。[①] 为更好地设计与实施学习单元，就需要明确指向深度学习的教学实践模型每个要素的内涵，

---

① 罗滨，陈颖．一体化教学与教研："深度学习"教学改进的区域实践 [J]．中小学管理，2021（7）：10-13．

理顺和协调好各要素之间的关系，以此推进深度学习。

素养导向的学习目标是学生经由单元学习而获得的学科核心素养的具体表现。每个学习单元的学习目标按照素养维度可以分为若干条目。在信息技术课程教学过程中，单元学习目标反映的是学生参与单元学习活动过程所应表现出的对信息技术知识的理解、具有解决问题的思路方法和学科观念，以及学习动机和学习策略的预期学习结果，是学习单元所落实的学科核心素养的具体表现。

引领性学习主题是对单元学习核心内容的价值提炼，既要反映学科本质和单元大概念，又要与真实世界和学生的基础与兴趣相联系，体现学科核心素养落实的具体化与整体化。引领性学习主题既反映为其中蕴含的基本概念和关键技能，引领学生在已有学习基础上开展学习；又表现为活动中设计的一系列问题，以此作为活动支架，支持学生循序渐进地开展学习。在信息技术教学中，引领性学习主题是在数据、算法、信息系统和信息社会等学科大概念统摄下组织学习内容，构建体现大概念功能的知识结构，将此渗透到主题活动过程中，并且将主题活动细化为"问题链"，通过"支架"的方式引导学生基于每一个问题逐步开展活动。

挑战性学习任务反映的是实现学习目标的单元学习过程，每个单元的学习都是由一组彼此关联的、结构化的、有逻辑的系列学习活动（任务）所构成。它主要解决的是单元教学中"如何学"的问题。深度学习的挑战性任务并非只在于纯粹的知识难度，更在于其整体性。对学生而言，学习单元内容的学习，不仅是知识点的各个击破，更重要的是要求学生整体把握单元内容，形成本学科的整体图景和基本思想，并建构自己的知识结构。[①] 在信息技术主题学习中，挑战性学习任务是依据单元学习目标，结合学生认知发展过程，系统设计综合性学

①　郭华. 如何理解"深度学习"［J］. 四川师范大学学报（社会科学版），2020，47（1）：89-95.

习任务，以此来引发学生的认识冲突，激发学生的学习动力，在探究活动的过程中达成学习目标。

持续性学习评价指教师根据单元学习目标，在学习过程中或者学习结束后，通过师生对话、课堂观察、日常作业、评价量表、单元测试、个别化辅导等多种方式，对学生在挑战性学习任务中的表现，以及学科核心素养达成情况等进行有针对性的分析、诊断与改进的过程。持续性学习评价可以发挥改进教学内容与进度、调节教学策略、促进学生反思等方面的作用。该要素发挥了诊断学生学习效果的作用，且具体指出哪些"证据"能够表明学生的学习达到了学习目标。在信息技术主题学习中，可以采用线上线下相融合的方式追踪记录学生的活动过程，采集学习数据，及时反馈学生的学习状况，改进学习，优化教学，评估学业成就，① 提高学习质量。

开放性学习环境指丰富的学习资源、灵活的学习时空、多样的学习方式、深入的学习交互、个性化的学习反馈，具有一定的弹性和开放性。开放性学习环境包括了人文环境、物理环境和虚拟环境，对四个核心要素起到支撑作用。在信息技术主题学习中，为支持学生自主探究、促进学生交流、使学生合作完成活动任务，教师需要向其提供任务单、学案、指导手册等教学支持，硬件设施、活动平台、学习软件等学习资源环境，以及线上线下融合的活动环境。

反思性教学改进是指教师在实施教学任务的过程中或者完成教学任务后，教师个人或教研团队根据观察记录与分析，以及持续性评价中诊断出的素养达成情况，分析教学存在的问题并查找原因，通过教研组研讨、撰写教学反思、改进教学设计等方式，进一步调整单元教学目标、改进教学进度、完善教学内容、丰富教学策略等的一种专业要求，体现了基于证据的教学改进。在信息技术主题学习中，反思性

---

① 中华人民共和国教育部．普通高中信息技术课程标准（2017 年版 2020 年修订）[M]．北京：人民教育出版社，2020：3.

教学改进可以结合持续性学习评价结果，在分析学生活动过程和成果的基础上，及时反思活动设计和实施方法，不断优化完善教学，促进学生的深度学习。

三、高中信息技术深度学习的教学实践

高中信息技术深度学习的教学是指向学生信息技术学科核心素养的单元教学。信息技术学习单元是结构化、情境化、凸显信息技术学科大概念的学习融合体，将其内部彼此关联的学习内容和学习活动，在单元学习主题统一整合下进行单元整体设计，有利于学生掌握结构化知识。学生通过一系列的单元学习活动，能够全面提升信息素养，掌握信息技术基础知识与技能，增强信息意识，发展计算思维，提高数字化学习与创新能力，树立正确的信息社会价值观和责任感，并应用所学知识创造性地解决问题。因此，开展高中信息技术深度学习的单元教学设计时，要依据课程标准，分析教学内容，结合学生的学情，制定素养导向的学习目标，选择引领性学习主题，设计挑战性学习任务，开展持续性学习评价，创设开放性学习环境，进行反思性教学改进。学习单元的目标、主题、任务、活动和评价作为核心要素，需要系统优化，以达到内在一致性。

高中信息技术深度学习的实施推动了教学准备从传统的"课时设计"进一步发展为"单元设计"，是课程意识的发展，也是教学理念的革新。单元设计是在理解学科核心素养和课程标准的基础上，结合教材内容和学情分析，用课程的视角来审视教学，将学科核心素养贯通在整个单元教学过程中，促进课堂教学从"知识传递"向"学科育人"的发展。当然，在具体实施过程中，信息技术单元教学并不是按图索骥，而是需要根据学生活动的实际情况动态调整组织方式，不断地反思前期预设的单元学习目标是否准确、活动内容是否有助于学生单元学习目标的实现、活动设计能否促进学生的深度学习过程等，按

照实际学习需要调整教学方法，为学生提供开展主题活动的数字化环境、学习资源和相关活动支持。在教学过程中，教师还需要引导学生发现问题，设计主题活动的方案，进行实践探索，达成学习目标，领悟信息技术学科内容与方法对个人发展的影响，促进课程核心素养的发展。

第二节　制定素养导向的学习目标

学习目标是指完成学习后，学生应该获得的学科核心素养的学习结果，包括能灵活运用相应的知识、技能、策略，掌握能反映学科本质及思想的方法，具备解决问题的综合能力，以及经历一定的困难之后学生获得的愉悦的心理感受，还有学生对学科的好奇和期待。[①] 制定素养导向的学习目标需要深入理解学科核心素养，结合学习单元的内容和学科方法，按照学生的认知发展特征体现学科核心素养水平的进阶性。

一、深入理解信息技术学科核心素养

信息技术学科核心素养由信息意识、计算思维、数字化学习与创新、信息社会责任四个核心要素组成。它们是高中生在接受信息技术教育过程中逐步形成的信息技术知识与技能、过程与方法、情感态度与价值观的综合表现。为将信息技术学科核心素养落实于课堂教学中，实现课程的根本任务，就需要领会学科核心素养的内涵，将学科核心素养贯穿在教学活动的各个环节之中。

1. 信息意识

信息意识是指个体对信息的敏感度和对信息价值的判断力。具备

---

① 刘月霞，郭华. 深度学习：走向核心素养（理论普及读本）[M]. 北京：教育科学出版社，2018：81.

信息意识的学生能够根据解决问题的需要，自觉、主动地寻求恰当的方式获取与处理信息；能够敏锐感觉到信息的变化，分析数据中所承载的信息，采用有效策略对信息来源的可靠性、内容的准确性、指向的目的性做出合理判断，对信息可能产生的影响进行预期分析，为解决问题提供参考；在合作解决问题的过程中，愿意与团队成员共享信息，实现信息的更大价值。

2. 计算思维

计算思维是指个体运用计算机科学领域的思想方法，在形成问题解决方案的过程中产生的一系列思维活动。具体表现为解决问题过程中的：形式化、模型化、自动化和系统化。具备计算思维的学生，在信息活动中能够采用计算机可以处理的方式界定问题、抽象特征、建立结构模型、合理组织数据；通过判断、分析与综合各种信息资源，运用合理的算法形成解决问题的方案；总结利用计算机解决问题的过程与方法，并迁移到与之相关的其他问题解决中。

3. 数字化学习与创新

数字化学习与创新是指个体通过评估并选用常见的数字化资源与工具，有效地管理学习过程与学习资源，创造性地解决问题，从而完成学习任务，形成创新作品的能力。具体表现为数字化环境的创设、数字化学习资源的采集与管理、数字化学习资源的应用与创新。具备数字化学习与创新的学生，能够认识数字化学习环境的优势和局限性，适应数字化学习环境，养成数字化学习与创新的习惯；掌握数字化学习系统、学习资源与学习工具的操作技能，用于开展自主学习、协同工作、知识分享与创新创造，助力终身学习能力的提高。

4. 信息社会责任

信息社会责任是指信息社会中的个体在文化修养、道德规范和行为自律等方面应尽的责任。具备信息社会责任的学生，具有一定的信息安全意识与能力，能够遵守信息法律法规，信守信息社会的道德与伦理准则，在现实空间和虚拟空间中遵守公共规范，既能有效维护信息活动中个人的合法权益，又能积极维护他人合法权益和公共信息安全；关注信息技术革命所带来的环境问题与人文问题；对于信息技术创新所产生的新观念和新事物，具有积极学习的态度、理性判断和负责行动的能力。①

学科核心素养是学科育人价值的集中体现。深度学习致力于引导教师把教学目标定位在学科课程标准所确定的核心素养上，借助结构化的知识与技能，通过设计"引领性学习主题"和"挑战性学习任务"，让学生超越单纯的知识掌握，实现理解学科本质和独特思想方法，形成正确的价值观念以及必备品格和关键能力的学习目标。②

二、素养导向的学习目标的特征

素养导向的学习目标体现了学生经由单元学习而获得的各项学科核心素养的具体表现，包括学生对学科核心知识的深度加工、对学科思想和方法的灵活运用、对相关新情境或新问题的应对、对学习过程和结果的自我调控，以及对与单元学习内容有关的人、事、物的态度和价值评判等。一般情况下，每个单元学习目标对应于学科课程标准某一个或几个维度的素养目标，具有一致性、发展性、结构化、可检测性和重点突出的特征。③

1. 一致性

单元学习目标与课程标准对学科核心素养、课程内容的要求保持一致，即学生在完成本单元的学习任务之后应知、应会、能做的表述，

---

① 中华人民共和国教育部. 普通高中信息技术课程标准（2017 年版 2020 年修订）[M]. 北京：人民教育出版社，2020：3.

② 刘月霞. 指向"深度学习"的教学改进：让学习真实发生 [J]. 中小学管理，2021（5）：13-17.

③ 罗滨. 深度学习：从课时教学目标到单元学习目标 [J]. 北京教育（普教版），2018（12）：18-11.

也就是学科核心素养（某领域）应达到的水平。围绕学科核心素养，依据课程标准的内容要求，一致性的单元学习目标的界定为"教、学、评一致性"提供了支持。

2. 发展性

单元学习目标符合学生实际，指向学生未来发展，指向对学科本质的理解，既基于具体学科知识和技能，又体现超越具体知识和技能的学科本质，反映出学生完成单元学习任务后知识、技能、方法、情感、态度等多个维度的综合表现。

3. 结构化

单元学习目标是整个学科育人目标中的一部分，在界定某一单元的学习目标时，要与其他单元的学习目标相互关联、相互支撑。从教学连续发展的角度来看，单元教学对学期教学和课时教学具有承上启下的作用。因此，结构化单元学习目标既能与学科整体育人目标融为一体，又能按照学生的学习特征分解为不同的课时目标。

4. 可检测性

单元学习目标要具有可检测性。单元学习目标作为学习结果，可采用表现性行为进行表述，即应用什么能够完成什么任务，使得目标可实现、可检测。① 单元学习目标是课程标准内容要求的具体化，其表述越清晰、越有可检测性，就越能让学生更好地体验到单元学习活动的方向感。

5. 重点突出

单元学习目标的表述要具体、明确、简洁，少而精，不求大求全。单元学习通常是由几个课时完成的，在确定单元学习目标时就需要考虑课时的条件，突出重点，而不是将课程标准的内容要求完全摘抄

---

① 罗滨. 深度学习：从课时教学目标到单元学习目标 [J]. 北京教育（普教版），2018（12）：18–19.

下来。

从"课时学习"到"单元学习"是新时期学习方式变革的具体体现。每个学习单元内，结构化的知识、挑战性的任务与实践性的学习的整体设计和实施，都用于支持学生学科核心素养的发展。从"课时教学目标"到"单元学习目标"，是以学生为本的育人理念的具体体现。这体现了从关注"教"向关注"学"的理念的转变，是关注学生的学习过程、以学习结果为导向的教学设计及实施的重要部分。单元学习目标是教师心中教学的"北斗"，是教学实施过程中的灯塔，可以帮助教师明明白白地开展教学活动，校正教学方向和策略。

高中信息技术基于学科独特的育人价值，凝练了信息意识、计算思维、数字化学习与创新、信息社会责任四项核心要素，明确了学生学习信息技术学科课程后应达成的正确价值观、必备品格和关键能力，是对信息技术知识与技能、过程与方法、情感态度与价值观三维目标的统合。在高中信息技术教学中，素养导向的学习目标以信息技术学科核心素养的养成为主旨，在引领性学习主题活动中渗透学科核心素养，整合知识与技能的学习，实现"核心素养—课程标准内容要求和单元学习目标"的一致性。例如，表 2-2-1 是在"基于数据处理的高中生职业生涯规划"主题活动中，依据课程标准的学科核心素养和学习要求进行的单元学习目标一致性设计。

表 2-2-1　学科核心素养与单元学习目标一致性设计

序号	单元学习目标	学科核心素养
1	通过主题活动的开展，了解"高中生职业生涯"调研数据采集、分析和可视化表达的基本方法。能够利用软件工具或平台对调研数据进行整理、组织、计算与呈现。	信息意识、计算思维

续表

序号	单元学习目标	学科核心素养
2	在完成主题活动任务的过程中，掌握应用数字化工具分析"高中生职业生涯"调研数据的方法，挖掘数据蕴含的信息，创新应用模式。	计算思维、数字化学习与创新
3	在数据分析的基础上，完成分析报告（《高中生职业生涯规划报告》），有意识地保护调研数据，认识数据处理在信息社会中的重要作用。	信息意识

　　"基于数据处理的高中生职业生涯规划"的单元学习目标将"数据处理"过程中的知识与技能、解决问题的过程与方法和信息安全等学习要求综合为一体，体现了信息技术课程的育人价值。在单元学习目标描述上，将学习内容与认知程度结合在一起，使得学习目标可学、可测。此外，单元学习目标指向信息意识、计算思维、数字化学习与创新、信息社会责任四个学科核心素养要素，通过具体活动落实单元学习目标，有助于学生学科核心素养的内化。

三、确定素养导向的学习目标的步骤

　　素养导向的学习目标是对单元学习主题承载的信息技术学科核心素养的具体化，表述清晰、规范的学习目标具有导学、导教、导测作用，是教师组织学习内容和选择教学方法的依据，也是评价学生学习效果的依据。一般来说，学习目标的叙述由四部分组成，即学习对象、表达学习结果的行为、表现行为的条件、学习程度。单元学习目标是教学的灵魂，它贯穿单元活动的始终。确定单元学习目标时应对照课程标准中的学科核心素养维度和内容要求，结合本单元具体的学习内容，明确学生在各项素养维度上的具体表现。主要步骤如图 2-2-1 所示。

图 2-2-1　确定素养导向的学习目标的步骤

1. 解析课程标准，明确学习要求

课程标准中的学科核心素养的"素养水平"、各模块的"内容要求"为单元学习目标的界定提供了直接指导。单元学习目标的界定要立足学科核心素养发展，解析课程标准，梳理单元承载的学科思想方法、学生能力的发展结果，明确学生应该学习的内容和认知程度，明确学生学习后要达到的应然水平。

2. 结合学情分析，确定单元学习目标

学生是学习主体，应分析学生已有的学科水平、现阶段思维特点和发展需求，综合考虑学生发展空间，明确表述本单元学习的学科核心素养整体目标。因此，在叙写单元学习目标时不应将信息技术知识与技能、过程与方法、情感态度与价值观三个维度割裂开来，而是以学生为主体，围绕信息技术学科核心素养从学生整体发展角度来叙写。

3. 分解单元学习目标，细化课时学习目标

单元学习目标指向学生完成单元学习后的学习结果，单元规划的过程中可以将单元学习目标拆解为课时目标。拆解为课时目标时，可依据单元知识结构，分析单元概念，围绕单元概念的逻辑关系和主题活动的过程构建学生从实然水平到应然水平的素养进阶过程。

例如，"数据处理与应用"单元通过"基于数据处理的高中生职业生涯规划"这一主题活动，要求学生能够做到以下几点。一是通过主题活动的开展，了解"高中生职业生涯"调研数据采集、分析和可视化表达的基本方法。能够利用软件工具或平台对调研数据进行整理、组织、计算与呈现。二是在完成主题活动任务的过程中，掌握应用数字化工具分析"高中生职业生涯"调研数据的方法，挖掘数据蕴含的

信息，创新应用模式。三是在数据分析的基础上，完成分析报告《高中生职业生涯规划报告》，有意识地保护调研数据，认识数据处理在信息社会中的重要作用。根据本单元中"数据采集、数据加工、数据分析、数据可视化、数据应用"的逻辑关系和主题活动中的阶段性任务，将单元学习目标进一步分解为 6 个课时学习目标，如表 2-2-2 所示。

表 2-2-2 分解后的课时学习目标与对应的单元学习目标

课时	课时学习目标	学习内容	对应的单元学习目标
第 1 课时 数据采集	目标 1：通过职业测量表格的填写，了解数据采集的基本方法。 目标 2：通过所采集数据的分析与处理，掌握数据处理的基本过程、方法和常用工具。	● 数据处理的一般过程（结合职业生涯规划的基本步骤）。 ● 表格数据处理的基本操作（计算、排序、筛选）。	单元学习目标 1
第 2 课时 数据加工 1	目标 1：通过具体问题的分析，掌握不同类型数据图表的适用范围和制作方法。 目标 2：通过对个人的职业测量表进行数据图表制作，感受可视化表达的意义。	● 表格数据的基本操作（分类汇总、数据透视）。 ● 数据图表的分类、作用及制作方法。	单元学习目标 1
第 3 课时 数据加工 2	目标 1：了解大数据处理的一般思想与架构。知道大数据采集和存储的常用工具与方法。 目标 2：体验通过采集工具和程序获取大数据的过程。	● 大数据处理的基本思想。 ● 大数据采集和存储的常用工具与方法。 ● 对数据进行编码、清洗和重组的基本方法。	单元学习目标 2

续表

课时	课时学习目标	学习内容	对应的单元学习目标
第4课时 数据分析	目标1：知道数据分析的基本工具与方法。体验利用编程分析文本数据的过程。 目标2：知道数据可视化的意义，并能编程生成标签云。	• 数据分析的基本工具与方法。 • Python 文本数据处理的一般方法与常用模块。 • 数据可视化的作用与标签云的含义。 • 用 Python 进行数据可视化的基本方法。	单元学习目标1
第5课时 数据可视化	目标1：知道大数据应用的一些典型案例对人们决策的影响。 目标2：通过招生专业的分析，学会选择合适的工具与方法进行数据处理。 目标3：学习数据分析报告的撰写。	• 典型的大数据应用案例。 • 数据分析报告的基本结构。 • 选择合适的工具和方法分析数据，解决实际问题。	单元学习目标2 单元学习目标3
第6课时 数据应用	目标1：知道数据保护的意义和简单方法。 目标2：学会对数据分析报告进行客观评价。	• 与信息安全相关的法律法规。 • 数据保护的常用技术手段。 • 数据分析报告的评价标准。	单元学习目标1 单元学习目标3

四、素养导向的学习目标常见问题解析

【问题1】如何解决单元学习目标与学科核心素养"两张皮"的问题？

问题表现

受考试导向的影响，目前单元学习目标的界定主要还是以知识技

能为主，教技术、学技术的思想较浓，没有反映出学科核心素养的内涵，出现了单元学习目标与学科核心素养"两张皮"的问题。单元学习目标按照学习内容的知识点顺序罗列，缺少整合后抽象、构建的知识结构，或知识结构间只体现知识点的内容关联，缺少应用学科方法解决问题和学科核心素养的渗透。

教师的困惑

教师：如何制定指向信息技术学科核心素养的学习目标？指向信息技术学科核心素养的学习目标与当前依据三维目标界定的学习目标有什么区别？

教师：教学中不能很好地确定学生学科核心素养的发展需求，不能准确把握核心素养的表现形式和表现程度特征。

思考与建议

学科核心素养明确了学生学习该学科课程后应达成的正确价值观、必备品格和关键能力，对知识与技能、过程与方法、情感态度与价值观三维目标进行了整合。[①] 素养导向的学习目标的界定就要体现出学科核心素养与单元学习目标的一致性、"三维目标"的整合性。首先，要把握好学科核心素养、课程标准的内容要求和单元学习目标一致性的关系，针对单元内容，对学科核心素养进行分析，明确本单元所对应的学科核心素养要素。分析课程标准中的内容要求，对照教材内容，将学习内容结构化；找准学生的认知发展区，明确学生当前学习的实然状态，整合课程标准的学习要求与教材内容，确定学生学习的应然结果。其次，要体现"三维目标"的整合性。素养导向的学习目标的制定依据的是课程标准，但绝不是课程标准内容的简单搬家与知识技能的简单罗列，而是在一致性的基础上，把学生当作一个整体的"人"来培养，学习目标的叙述不能割裂或片面强化知识与技能的提升，而

① 中华人民共和国教育部. 普通高中信息技术课程标准（2017 年版 2020 年修订）[M]. 北京：人民教育出版社，2020：4.

是要在一定的学习活动条件下，将信息技术知识与技能、过程与方法、情感态度与价值观相应的学习结果进行综合表述。

【问题 2】如何实现单元学习目标中知识"结构化"的问题？

问题表现

单元学习目标主要按照学习知识与技能的知识点罗列，没有从大概念的视角设计知识结构，或知识结构只体现知识点的关联，没有指向学生学习后信息技术学科核心素养的发展。

教师的困惑

教师：信息技术学科核心素养的落实不够具体化与整体化，仅仅是套用案例，并未阐述清楚主题中学科观念的具体内涵。

教师：确立了引领性学习主题，但是不知道如何利用其中的大概念，即不知道具体该怎么做才能将大概念融入课堂教学中。

思考与建议

学科大概念体现了学科的特质和思想方法，具有相对稳定性、共识性和统领性的特征，包括学科知识逻辑范畴和学科综合应用方法。[①] 在设计信息技术学习单元时，依托大概念系统地组织零散的学科知识，以结构化方式"锚定"单元知识框架，结合学科核心素养的表现性特征界定单元学习目标。包括以下几个实施步骤：（1）明确学科核心素养与单元大概念的对应关系。大概念作为学科核心素养（课程标准的内容要求）的内容载体，二者之间具有相互映射的关系，明确学科核心素养（课程标准的内容要求）与大概念的内容对应，确立单元教学中落实学科核心素养的"锚点"。（2）分解大概念，形成概念群。大概念如同"车辖"一样把零散的知识组织起来，用以支持学生理解知识的相互关系及相互作用。在学习单元设计中，借助概念图逐层分解

---

① 邵朝友，崔允漷. 指向核心素养的教学方案设计：大观念的视角 [J]. 全球教育展望，2017, 46（6）：11-19.

大概念，形成"概念群"，为落实学科核心素养提供"抓手"。（3）结合素养表现与概念群，形成一致性的单元学习目标。结合学科核心素养的表现，分析学生理解和应用大概念中所需思考的问题，确定完成学习后应该达成的"所知、所能和所成"，形成单元学习目标。

【问题 3】如何解决单元学习目标叙述不准确、形式不规范的问题

问题表现

在教学设计中，一些单元学习目标的主体是教师而不是学生，呈现出教师视角而非学生视角的学习目标。学习目标体现的是教师的教学活动，对学生学科核心素养表现的描述不准确，缺少学科核心素养表现的具体内涵（例如，缺少学生学习的历程和学习结果）。

教师的困惑

教师：素养导向的单元学习注重基于主题的学习活动，那么，界定目标时如何将主题活动和预期的学习结果结合起来？

教师：用信息技术学科核心素养指导单元学习目标界定的过程中，有时只是披了一层学科核心素养的外壳，实际关注的还是学科知识，所反映的素养要求很难得以体现。

思考与建议

首先，单元学习目标的主体是学生，是基于学生的角度，旨在通过学习活动判断学生是否达到了预期，描述的是学生的行为而非教师的行为，所以单元学习目标的表述主语是学生。信息技术学科核心素养是内在的，是从学生的视角来界定信息技术课程与教学内容、要求和评价的。其次，单元活动主题是体现学科知识发展、学科思想与方法深化，激发学生深度参与学习活动，促进学生学科核心素养发展的一种学习组织方式。① 在描述单元学习目标时，可适当体现出主题活动

---

① 刘月霞，郭华 . 深度学习：走向核心素养（理论普及读本）［M］. 北京：教育科学出版社，2018：73.

的情境或任务，以反映出目标达成路径和难易度。活动情境与活动任务是单元活动主题的两项关键内容，因此，界定单元学习目标时，可将主题活动情境和相应的任务作为表现行为的条件，以此来明确知识技能学习的过程与方法，促进信息技术学科核心素养的落实。

第三节　设定引领性学习主题

引领性学习主题是指依据课程标准、围绕学科某一核心内容组织起来的，体现学科知识发展、学科思想与方法深化或知识世界的一种教学组织方式，它能激发学生深度参与学习活动，促进学生学科核心素养的发展。引领性学习主题的设计是对单元学习核心内容的价值提炼，既反映学科本质和单元大概念，又与真实世界和学生的基础、兴趣相联系，体现学科核心素养落实的结构化、情境化与整体化。引领性学习主题的实施有助于学生聚焦单元中最为核心、最具有育人价值的学习内容，打通从学科知识、技能到学科核心素养的通道，结合学生生活与学习的经验，创设真实情境，激发学生的学习兴趣，使得师生积极、主动地投入学习。

高中信息技术课程针对互联网、大数据、人工智能等技术在社会各领域深度融合的现实需要，倡导多元化教学策略，通过主题活动和问题探究的方式，鼓励学生在真实问题情境中，运用计算思维形成问题解决方案，感受信息技术在社会各行业应用中的真实工作模式和思维方式。教师要从"学会操作"的课堂价值取向转向"形成学科核心素养"的价值诉求①。在信息技术教学设计中，引领性学习主题主要以单元来划分，设计相关的主题活动，开展体验式学习。学习主题是依据高中信息技术课程标准，依托学科大概念，渗透学科方法，通过信

---

① 中华人民共和国教育部．普通高中信息技术课程标准（2017 年版 2020 年修订）[M]．北京：人民教育出版社，2020：48.

息技术将结构化的知识组织起来，以此激发学生深度参与学习活动，促进学生信息素养的发展。

一、单元学习主题的特征

信息技术单元学习主题的确立要依据学科核心素养，从学科大概念、学科方法、技术工具等几个方面考虑，单元学习主题要体现出情境真实性、知识技能结构化、活动实施的问题性，主题活动指向信息技术学科核心素养的发展。

1. 主题情境的真实性

单元学习主题应反映信息活动情境的真实性，主题内容要符合学生的学习与生活经验。基于真实主题情境的学习能激发学生对问题的敏感性，促进学生对知识学习的掌控力、对问题求解分析能力的发展。信息技术学习活动中的主题情境可以来自学生日常学习中实际经历的情境。例如，基于问题解决的在线合作学习、反映校园活动的数字化作品创作等；也可以是技术创新与探究情境，如"互联网+""人工智能+"支持下的无人超市、共享单车等社会生活场景。真实的学习和生活情境可以更好地引导学生开展自主或协作探究学习。

2. 主题活动内容的结构化

单元学习主题应按照信息技术学科大概念及其内容体系，精心选择学习内容，体现信息技术学科知识结构和逻辑关系，支持学生主题活动的实施和开展。信息技术学科大概念包括了数据、算法、信息系统、信息社会，它们之间的关联性较强，共同构成了信息技术学科的核心内容。因此，在确定单元学习主题时，可依托大概念组织学习内容、设计主题活动。

3. 主题活动指向学科核心素养的发展

单元学习主题以信息技术学科核心素养发展进阶为主线，通过分析知识技能之间的联系，以信息技术知识技能为载体，以学科核心素养为主要出发点和落脚点，设计具有层次性、提升性的和综合性的单元学习主题。

4. 主题活动体现出引领性

引领性单元学习主题既要关注学生已有的学习经验，引领学生在已有学习经验基础上开展活动，激发学生的主题活动兴趣；也要在主题活动中搭建活动支架，以"问题链"的方式引领学生开展探究，通过一系列任务的开展完成主题活动，达成学习目标。

单元学习主题承载了相应的信息技术知识技能、学科思想方法，其中也融入了人文积淀、人文气氛和审美的文化内涵，引导学生探究精神、理想人格的形成和成长。因此，设计单元学习主题时既要考虑主题内容的科学性，也要与学生生活、社会实践相联系，将主题情境和学习内容融于一体，整体促进学生信息技术学科核心素养的发展。

二、信息技术单元学习主题的确定依据

1. 依据信息技术课程标准

课程标准是国家课程的纲领性文件，规定了每个学科的课程性质、课程目标、课程内容、实施建议和评价建议等。课程标准反映了基础教育课程改革所倡导的基本理念、基本规范和质量要求，是国家对学生学习该学科课程后达成的正确价值观、必备品格和关键能力的结果的期望。因此，信息技术课程标准是确定单元学习主题的第一依据。信息技术课程标准中的内容要求规定了学生在该学段应该学习什么，经过学习后应知、应会、应能的结果，整体呈现了课程模块和各模块的学习内容。

例如，在《普通高中信息技术课程标准（2017 年版 2020 年修订）》中，"数据与计算"模块按照"明晰核心概念—突出学科方法—关注工具应用—促进素养形成"的思路，从"数据与信息""数

据处理与应用""算法与程序实现"三方面设计模块的内容结构（如图2-3-1所示）。同时，学生通过学习本模块，能认识到数据在信息社会中的重要价值，合理处理与应用数据，掌握算法与程序设计的基本知识，根据需要运用数字化工具解决生活与学习中的问题，知道人工智能在信息社会中具有越来越重要的促进作用，逐步成为信息社会的积极参与者。该课程标准明确了相应的学习要求，为教师设计单元学习主题提供了依据。

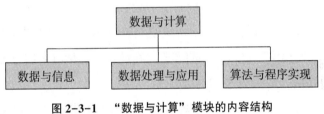

图2-3-1　"数据与计算"模块的内容结构

2. 依据学科教材内容

教材是依据课程标准编制的、系统反映学科内容的教学用书，是课程标准内容要求的具体化。教材是国家落实育人目标的具体措施，教材的编写兼顾学生学习差异和区域发展差异，在处理好教学内容的思想性与科学性、理论与实际、知识与技能的广度和深度、基础知识与当代科学新成就关系的基础上，精选学科内容，以学科大概念为核心，按照有关科学知识的内在逻辑、学生学习的科学规律组织内容，使之结构化；然后按学期或学年分册，对每册再划分具体的单元或章节。为了便于学生理解和学习其中的内容，很多教材都依据学习心理设置活动栏目。例如，某高中信息技术教材中为支持学生开展主题探究，设计了体验探索、思考活动、技术支持、实践活动、阅读拓展等栏目，为教师进行教学设计、组织教学活动提供支持。其中的学习情境、问题思考、内容结构与活动设计也都可以支持教师确定和设计单元学习主题。

3. 依据学科核心素养的进阶发展

在教学过程中，教师只有做到"心中有全局"，才能举重若轻、做好衔接。学科核心素养在教学中具有统摄功能，每一个学科核心素养在学生发展的不同阶段都有不同表现，教师只有全面理解学科核心素养，才能够站在学科整体角度做好单元学习主题的选择和确定。基于学科思想方法和大概念选择单元学习主题，是要以学科核心素养及其进阶发展为统领，对教学内容进行整合，体现学习目标、学习情境、学习任务、学习活动和学习评价的一致性。高中信息技术学科核心素养的等级描述采用的是"活动情境复杂连续体""知识技能连续体""能力发展连续体"逐级深入的方式，在设计单元学习主题时要依据学科核心素养体现学习发展的递进性。

例如，在"信息意识"等级划分中，水平1中有"针对特定的信息问题，自觉、主动地比较不同的信息源，……确定合适的信息获取策略"；水平2中对应的有"针对较为复杂的信息问题，能综合分析获取的信息，评估信息的可靠性、真伪性和目的性"[①]。两则内容从学生发展的情境和能力方面逐步深入。因此，在针对水平2设计单元学习主题时，主题情境和活动内容既要与水平1的要求做好衔接，也要在水平1的基础上，依据水平2的要求做好相应的进阶发展。

4. 依据学生实际情况

单元学习主题作为学科核心素养落实的教学组织方式，其主题任务和活动过程并不是固定不变的，应使其适合学生的学习。不同地区、不同学校、不同学习环境的学生情况差异较大，他们在知识基础、能力表现、思维方法、专注程度、认知结构、学习习惯、学习动机以及时间统筹和自我管理能力等方面都会存在差异。因此，在单元学习主题的设计过程中，可以根据差异合理调整单元内容、学习任务的解构

---

① 中华人民共和国教育部. 普通高中信息技术课程标准（2017年版2020年修订）[M]. 北京：人民教育出版社，2020：67-68.

程度和学习时间的安排。

例如，高中生在学习与"大数据"相关的内容时，城市学校的学生可能更容易理解与"城市轨道交通大数据""大型图书馆借阅大数据"等相关的主题，农村学校的学生可能接触更多的是与"智慧种植大数据""畜牧养殖大数据"等相关的主题，因此在设计学习主题情境时，就需要根据学生的学情进行合理选用和拓展。

三、信息技术单元学习主题的确定步骤

单元学习主题是基于课程标准、教材内容和学生已有的学习经验设计和确定的，确定单元学习主题的步骤主要包括以下几个：基于学科核心素养，把准主题方向；研究教材内容，建立知识结构；分析学生现状，确定主题活动起点；确定单元学习主题，深化学习价值。

1. 基于学科核心素养，把准主题方向

《普通高中信息技术课程标准（2017 年版 2020 年修订）》包括课程性质与基本理念、学科核心素养与课程目标、课程结构、课程内容、学业质量、实施建议等内容。通过课程模块的内容要求、学业要求、学业质量水平和学科核心素养水平划分将学科核心素养贯穿至课程标准各部分内容中。此外，为帮助师生理解课程标准中的内容要求实施方式，课程标准针对课程的内容要求，给出了一些活动建议。例如，在"数据与计算"模块中，为帮助师生理解数据处理的重要环节，给出了"网络购书"的实践活动案例，建议通过组织学生探究"网站为用户自动推荐商品的原因"，辨析网站获取用户数据的基本类型，了解基本的分析方法，思考网站数据可能对用户产生的影响等。由此可见，确定单元学习主题时，只有基于学科核心素养，明确课程标准的内容要求，才能准确把握信息技术教

学单元学习主题的方向。

在"基于数据处理的高中生职业生涯规划"单元学习主题的确定过程中，通过梳理学科核心素养的水平要求、课程标准的内容要求和学习活动关键特征来把握活动主题的方向。

本单元包括高中信息技术必修 1 "数据与计算"模块的第二部分"数据处理与应用"的内容。该单元涉及的学科核心素养包括信息意识、计算思维、数字化学习与创新、信息社会责任。依据信息技术学科核心素养水平划分，确定本单元重点落实的素养水平要求，如表2-3-1 所示。

表 2-3-1　确定本单元重点落实的素养水平要求

	信息技术学科核心素养水平要求	本单元重点落实的素养水平要求
信息意识	（1）针对特定的信息问题，自觉、主动地比较不同的信息源，能描述数据与信息的关系，确定合适的信息获取策略。 （2）根据不同受众的特征，能选择恰当的方式进行有效交流。 （3）依据特定任务需求，甄别不同信息获取方法的优劣，并能利用适当途径甄别信息。 （4）在日常生活中，根据实际解决问题的需要，恰当选择数字化工具，具备信息安全意识。 （5）主动关注信息技术工具发展中的新动向和新趋势，有意识地使用新技术处理信息。	（4）在日常生活中，根据实际解决问题的需要，恰当选择数字化工具，具备信息安全意识。 （5）主动关注信息技术工具发展中的新动向和新趋势，有意识地使用新技术处理信息。

续表

	信息技术学科核心素养水平要求	本单元重点落实的素养水平要求
计算思维	（1）针对给定的任务进行需求分析，明确需要解决的关键问题。 （2）能提取问题的基本特征，进行抽象处理，并用形式化的方法表述问题。 （3）运用基本算法设计解决问题的方案，能使用编程语言或其他数字化工具实现这一方案。 （4）按照问题解决方案，选用适当的数字化工具或方法获取、组织、分析数据，并能迁移到其他相关问题的解决过程中。	（4）按照问题解决方案，选用适当的数字化工具或方法获取、组织、分析数据，并能迁移到其他相关问题的解决过程中。
数字化学习与创新	（1）在学习过程中，能够评估常用的数字化工具与资源，根据需要合理选择。 （2）针对特定的学习任务，运用一定的数字化学习策略管理学习过程与资源，完成任务，创作作品。 （3）在网络学习空间中开展协作学习，建构知识。	（1）在学习过程中，能够评估常用的数字化工具与资源，根据需要合理选择。 （2）针对特定的学习任务，运用一定的数字化学习策略管理学习过程与资源，完成任务，创作作品。
信息社会责任	（1）在信息活动中，具有信息安全意识，尊重和保护个人及他人的隐私。 （2）采用简单的技术手段，保护数据、信息以及信息设备的安全。 （3）认识人类信息活动需要信息法律法规的管理与调节，能自觉遵守信息法律法规、信息伦理道德规范。 （4）正确认识现实社会身份、虚拟社会身份之间的关系，合理使用虚拟社会身份开展信息活动。 （5）在信息交流或合作中，尊重不同的信息文化，积极、主动地融入信息社会中。	（1）在信息活动中，具有信息安全意识，尊重和保护个人及他人的隐私。 （2）采用简单的技术手段，保护数据、信息以及信息设备的安全。

针对课程标准对本单元的内容要求确定主题活动的主要内容。课程标准对本单元的内容要求为：

> 针对具体的学习任务，体验数字化学习过程，感受利用数字化工具和资源的优势。

> 通过典型的应用实例，了解数据采集、分析和可视化表达的基本方法。

> 根据任务需求，选用恰当的软件工具或平台处理数据，完成分析报告，理解对数据进行保护的意义。

分析课程标准中的内容要求，在单元学习主题活动中，学生需要完成的活动主要包括数据采集、数据加工、数据分析、数据可视化和数据应用。因此，所确定的单元学习主题中就需要融入相应的活动与内容，以支持学生在活动过程中开展相应知识、技能的学习，提高应用信息技术工具采集、加工、分析和应用数据的能力，达成相应的学科核心素养水平要求。

2. 研究教材内容，建立知识结构

奥苏伯尔在学习心理研究中发现学生的认知结构是从教学材料的知识结构中转化而来的，学生已有的概念结构为新知识和概念提供了固着点，新知识内容与已有的固着点相联结，促进学生的有效学习与保持。因此，设计单元学习主题时，应找出单元内容蕴含的关键性的学科知识技能、学科思想方法等的结构关系，明确体现学科本质的核心内容，合理地组织知识使其结构化、系统化，避免学习浅层次、碎片化的问题。精选学科内容，将课程内容结构化、情境化，以便学生在解决真问题的过程中形成学科思维方式。教材为教师选择教学内容，组织教学活动提供了有力的"抓手"。研究教材落实核心素养教育和课程标准内容要求的理念与方法，分析教材所构建的知识技能的结构体系，可以更准确地确定单元学习主题中需要融合的结构化知识技能框架。

在"基于数据处理的高中生职业生涯规划"单元学习主题设计中，通过分析教材章节中知识技能的组织和呈现方式，梳理出该单元的知识结构。

本单元的教学内容主要对应中图人教版《必修 1·数据与计算》第 3 章"数据处理与应用"，其中包含以下四节内容。

数据处理的一般过程。该节明确提出数据处理包括数据采集、整理、分析和可视化的一般过程，强调对收集来的数据进行整理、分析，提取有用信息，形成结论，指导决策。本节内容可为后面三节的学习打下基础。

数据采集与整理。该节主要涉及的知识技能是数据采集和整理的过程与方法。其中，数据采集的主要环节是明确数据需求，确定数据来源，选择采集方法，实施数据采集；数据整理是通过去重、补漏和勘误等方法，删除重复数据、补全缺失数据和校正错误数据，并对数据进行统一性和标准化处理。

数据分析与可视化。该节主要包括数据分析和分析结果的呈现方式。其中，数据分析是指用适当的计算方法与工具对收集来的数据进行处理，提取有用信息，形成结论，从而支持决策。数据可视化是指以图形、图像和动画等方式直观生动地呈现数据及数据分析结果，揭示数据之间的关系、趋势和规律等，以便于人们更好地理解数据。

数据分析报告与应用。该节主要介绍在数据处理的基础上，如何将数据分析结果转化为信息，用以指导相关的决策，讲解数据分析报告的创建过程。数据分析报告不仅是对整个数据处理全过程的总结与展示，更能为决策提供参考。通过数据分析报告，将分析结果、可行性建议以及其他有价值的信息传递给使用者。

对应信息技术学科大概念，本单元体现出"数据"和"信息社会"两个大概念的知识内容，其中在该单元中，"数据"可进一步分化为数据处理的一般过程、基本方法和数字化工具；"信息社会"可进一步分化为分析报告、信息安全等。为更好地契合高一学生原有的认知水平，做到层层深入，循序渐进，在分析研究教材的基础上，构建出本单元的知识框架，如图 2-3-2 所示。

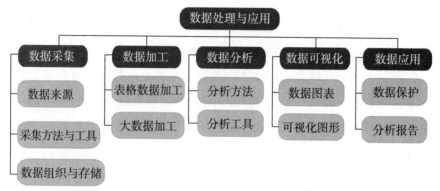

图 2-3-2 单元学习主题中的知识结构

3. 分析学生现状，确定主题活动起点

深度学习需要解决的问题是"在有难度、有挑战的学习任务面前，如何让学生感到自己是活动的主体，能够独立操作这些内容，发生积极主动的学习活动"[①]。在设计单元学习主题时，教师要确定学生现在知道什么、能做什么、对什么感兴趣、能够操作什么内容、能够以什么方式完成什么样的活动，根据学生学习现状和认知基础确定学生的"最近发展区"。维果斯基认为最近发展区是学习者独立解决问题的实际发展水平与在教师指导下或与能力更强的同龄人合作的潜在发展水平之间的距离，因此在界定单元学习主题时，教师在学情分析的基础上，要找到学生可持续学习的关键点和障碍。

"基于数据处理的高中生职业生涯规划"单元学习主题从学生认知特征、学习基础和数字化学习能力对学情进行分析。

---

① 刘月霞，郭华. 深度学习：走向核心素养（理论普及读本）[M]. 北京：教育科学出版社，2018：38.

认知特征：本单元面向的教学对象是高中一年级的学生，他们身心上更加成熟，自我意识、逻辑分析能力和独立思考能力明显比初中时更强，他们在学习上更愿意进行自主探究和同伴互动，而不希望老师过多灌输。而作为信息时代的"数字原住民"，他们大多数都是从小接触各种电子产品，养成了通过网络获取信息、通过计算机加工处理信息的习惯。

学习基础：学生在初中阶段已学习了电子表格数据处理，经过第一部分"数据与信息"的学习，已能认识到数据在信息社会中的重要价值，理解了数据、信息与知识的相互关系，但在操作技能与方法层面，对于如何针对具体问题选用合适的数字化工具，对不同类型数据采用不同方法处理和应用，从而更好地解决实际问题方面还需要提升。对大数据的含义以及大数据处理和应用的了解也不多。

数字化学习能力：经过上一阶段的学习，学生初步养成了借助学习网站、评价系统等数字化平台或工具进行网络探究、自主学习、小组合作学习的习惯，具有基本的数字化学习能力。

4. 确定单元学习主题，深化学习价值

在对课程标准、教学内容、学生情况进行分析的基础上，将学习目标、学习情境、学习活动、学习评价等要素进行综合分析，确立单元学习主题，描述主题活动的内容与过程。一个清晰的单元学习主题活动要有明确的情境任务说明，让学生明白为什么要做这个主题活动，完成这个主题活动后可以取得哪些成果。其中，主题情境的一个重要目的是激发学生学习兴趣，使他们更好地参与到评价活动中来，有意义的任务主题能够帮助学生更好地理解需要发展的知识和技能。单元学习主题还要反映促进学生深度学习的内涵，一是单元主题承载了相应的知识、技能、学科思想方法；二是单元主题包含了人文积淀、人

文情怀和审美情趣等人文底蕴；三是单元主题还包含学生的精神、理想、人格的生长与形成。这三个层面并不是割裂的，而是互相包容、交织在一起的，所以最后确定单元学习主题时，就需要在上述分析基础上综合考虑主题的科学性，与学生生活、社会经验的联系，学生的道德情操及价值追求等，照顾学生的基础、兴趣、学习思路与方法。

"基于数据处理的高中生职业生涯规划"单元学习主题对促进学生学习、发展学生信息技术学科核心素养的意义与价值如下。

职业生涯规划对于个人的发展来说具有非常重要的意义，合理的规划可以帮助学生准确评价个人特点和强项，确立人生的目标与未来职业发展方向，评估个人目标和现状的差距，从而制定合理的奋斗策略。随着新高考方案的实施，学生踏入高中校门即开始面临着如何选科、走班的实际问题，也意味着他们对自己的职业生涯规划要提前进行。越来越多的学校开始重视对学生进行职业生涯规划教育，在一些学校，职业生涯规划甚至已经成为所有学生都要选修的校本课程。课程标准对本模块的教学建议中也提到，要通过项目活动来创设问题情境，可以整合其他学科的任务，引导学生在解决实际问题的过程中感受信息技术对人们日常生活的影响，提高利用信息技术解决问题的能力。因此，以"基于数据处理的高中生职业生涯规划"作为本单元的项目主题不仅符合课程标准的理念，符合学生的实际需求，而且能较好地避免选用一些热门话题可能带来的信息时效性问题，具有较强的适应性。让学生通过"职业生涯规划"这一主题活动，了解数据采集、分析和可视化表达的基本方法，能够利用软件工具或平台对数据进行整理、组织、计算与呈现，并能通过技术方法对数据进行保护。

四、信息技术单元学习主题常见问题分析

从"基于内容组织的单元"到"单元学习主题"是深度学习的重大突破，常规的内容单元指的是以知识逻辑关系为主的知识专题，体

现的是知识逻辑的教学先后顺序。深度学习倡导的是单元教学，"单元学习主题"是课程实施的单元，以学科核心素养为其进阶目标，对相关内容进行整合，体现了学习目标、学习情境、学习活动和学习评价的一致性①。但是，在从"基于内容组织的单元"向"单元学习主题"转向过程中，教师在确立引领性学习主题时也会遇到挑战，常见的问题有以下几个。

【问题1】如何有效把握单元学习主题中的大概念？

问题表现

在单元学习主题中，教师不理解什么是大概念，常将大概念表述成教学知识。无法准确地从课程标准的"内容要求"中确定学科大概念，难以突破从知识要点到大概念的分析过程。

教师的困惑

教师：信息技术发展很快，学科的新概念太多，确定学科大概念非常有必要，但不能深入理解数据、算法、信息系统和信息社会等学科大概念，所以在确立引领性学习主题时困难重重，没有太多思路。

教师：如何准确地从课程标准的"内容要求"表述中提取学科大概念，如何关联学科大概念，阐述主题中学科大概念的具体内涵，是我们在教学中的困惑。

思考与建议

学科大概念集中反映了学科的本质，具有相对稳定性、共识性和统领性。哈伦（Harlen）在科学教育研究中也指出，科学大概念包括关于科学本身和科学在社会中所起作用的概念②。学科大概念的含义已

---

① 胡久华. 深度学习：走向核心素养（学科教学指南·初中化学）［M］. 北京：教育科学出版社，2019：14.

② 哈伦. 科学教育的原则和大概念［M］. 韦钰，译. 北京：科学普及出版社，2011：20-21.

超出学科知识逻辑范畴，包括学科综合应用方法的内容。基于学科大概念确定单元学习主题的方法主要有以下几种。一是明确学科大概念的载体功能。《普通高中信息技术课程标准（2017 年版 2020 年修订）》中提出了数据、算法、信息系统、信息社会等学科大概念，它们为梳理中小学信息技术课程中的学科知识逻辑关系、搭建学习活动框架、促进学习内容迁移提供了支持。二是梳理学科大概念的结构关系。学科知识结构是一个分层组织的知识系统。奥苏伯尔认为每门学科都有一个分层次的概念和命题结构，其顶端是一些包容性很大的抽象概念，包含了结构中处于低水平的较为具体的概念。确定信息技术单元学习主题的过程中，需要围绕大概念将学科领域知识结构化、体系化，把看起来零碎的学科知识和孤立的信息事件形成有意义的关联，用结构化的内容帮助学生将个人已有的认知结构与教材中的知识结构进行对接，促进学生认知结构的发展，为学科核心素养的形成提供知识支撑。三是构建学科大概念的结构框架。学科大概念作为发展学生学科核心素养的内容载体，是学生理解和运用学科知识的具体表现。信息技术教材研制过程中需要将信息技术学科知识结构和知识运用一体化，通过灵活运用知识、解决真实情境问题，释放出知识的生成与创造性，促进知识的有效迁移和灵活运用，实现大概念的教育意义和价值。大概念不仅是把零碎的知识联结在一起，也把两种结构化的内容联结在一起。单元学习主题通过这种联结，帮助学生整合已有的结构化知识和技能，运用学科思维和观念开展严谨的探究活动，而灵活地、创造性地解决或应对各种复杂现实任务或情境时，学生就会表现出高水平的学科素养。

【问题 2】如何避免学科核心素养与单元学习主题脱节的问题

问题表现

教师在分析教材时，对教材学习活动承载的素养发展要求的分析存在困难。由于未能把学科核心素养与教材内容做好关联，所以尽管采用了单元学习主题，教学过程中还是容易出现"为活动而活动"的问题。

教师的困惑

教师：信息意识、计算思维、数字化学习与创新、信息社会责任作为信息技术学科核心素养的要素属于上位内容，教材通过主题的方式将学习活动与学科核心素养联结起来，但是在教学中如何将学科核心素养的要求落实在课堂主题活动中，对教师来说还是个难题。

教师：新修订的高中信息技术教材体现了主题活动教学，教材中的学习内容都关联了主题活动，但是在同一单元中，如何从学习主题中分析出期望学生发展的学科核心素养仍是教师在教学中面临的一个挑战。

思考与建议

学科核心素养为学习本课程后的学生提供了一个整体的"画像"①。相对于课程标准中的学习内容，学科核心素养是上位的发展要求。为避免上位发展要求与教材内容的"脱节"，在分析教材的过程中，可以建立一种关联途径，思考将学科核心素养落实在教材中需要解决的关键问题，通过"关键问题"把学科核心素养的发展要求"锚"定在教材内容中，实现"知识技能"与"学科核心素养"的融合。从特征来看，可以通过关键问题反映学生在课程学习中素养发展的变化，即学生接受信息技术教育后有怎样的发展。以素养培养为宗旨的教育在于提升个体与当前或未来的各种环境良性互动的可能性，这种可能性就要求学科核心素养所转化的关键问题要体现出发展变化的特征。例如，设计信息技术教材的过程中，为体现"数字化学习与创新"的培养要求，关键问题可聚焦在"从非数字化环境到数字化环

---

① 余文森. 从"双基"到三维目标再到核心素养：改革开放 40 年我国课程教学改革的三个阶段 [J]. 课程·教材·教法，2019，39（9）：40-47.

境的发展过程中，人们会面临哪些生存挑战"。此外，以关键问题体现信息技术学科知识技能的关联性，即学生学习哪些知识技能才能促进学科核心素养的发展。学科核心素养的发展要在学科育人功能的特殊性上下功夫，以学科内容为载体体现学科独特的育人价值和内涵。另外，以关键问题延伸出支持学生素养发展的子问题，即在发展学科核心素养的过程中，将关键问题作为一个"大问题"，细分为一系列的子问题，为有计划、有步骤地发展学生的学科核心素养提供支架。因此，为了更好地理解这种融合，可将学科核心素养转化为几个关键问题，再将关键问题逐步细化为子问题，梳理子问题之间的相互关系，形成发展学生学科核心素养的"问题链"，从而更好地理解教材渗透学科核心素养的方法和策略。

【问题3】如何避免单元学习主题与知识技能脱节的问题

问题表现

由于缺少对学生学情的精准诊断，在不能把握学生学习基础和学习风格的情况下，就容易使学习主题与学生的学习生活相脱节，学习主题具象成了具体的知识内容，核心知识的功能价值与核心素养的关联难以确定。

教师的困惑

教师：不能很好地确定学生学科核心素养的发展需求，除此以外，不太能确定课堂教学中学科核心素养应该表现为什么样的行为。

教师：最困难的还是在于怎么挖掘主题的素养功能，过分依赖教学经验，就容易忽视学生的学习基础和学习风格。

思考与建议

为实现教材中项目活动与学科内容的统合，避免单元主题学习活动与学习内容"两张皮"或"主题活动流于形式、内容过于肤浅"的问题，确定单元学习主题的过程中需要按照学科核心素养的要求和学科大概念结构框架，界定单元学习主题与学习内容两者的融合点，分析两者的衔接关系，依据学生认知发展规律设计单元主题活动、组织教材内容。其实施步骤与组织方式如图2-3-3所示。

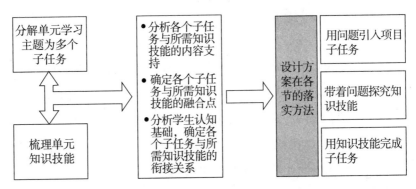

图2-3-3 单元学习主题与学习内容的统合

其一，分解单元学习主题为多个子任务，明确完成各子任务时所需要的相关知识技能的内容支持以及子任务完成后的成果。其二，梳理本单元中的知识技能，形成本单元的知识技能逻辑关系，判断学生对知识技能的学习基础。其三，界定本单元知识技能支持该单元主题实施可能出现的逻辑关系，确定主题活动与知识技能的融合点和衔接方式。

单元学习主题中的知识内容组织与活动任务设计是落实学科核心素养的两个关键环节。学科知识内容是落实学科核心素养的载体，通过对学科知识内容的学习才有可能形成学科核心素养；活动任务是落实学科核心素养的路径，为学生对学科内容的加工、消化、吸收，以及在此基础上的内化、转化、升华创造了条件，只有将两者合理地融合在一起才能更好地促进学生学科核心素养的发展。

第四节 设计挑战性学习任务

挑战性学习任务是对如何才能达成深度学习目标的回答，反映的是实现学习目标的单元学习过程①。在深度学习中，每个单元的学习主题都是由一系列彼此关联的、结构化的、有逻辑的学习任务所构成的。

一、挑战性学习任务的特征

挑战性学习任务通常表现为要求学生解决真实情境中的复杂问题，学生需要按照一定的步骤，在实践性的活动中对学科知识内容进行检索、加工、综合应用，最终取得某种成果，例如完成问题解决或产生活动作品。其中，"挑战性"是指学习任务相对于学生现有水平，具有一定的难度要求，学生依靠现有的知识经验或思想方法难以完成，必须吸收新的知识、建立新的联系，或者转变思路、调整方法等。"任务"凸显实践活动的整体性、关联性和结果导向，强调学生完成实践活动的责任。每项学习任务与学习目标有明确的对应关系，由学习情境、驱动性问题、任务流程、学习内容及其操作要求等组成。

通过挑战性学习任务，教师可以把知识设计成能激发学生兴趣，聚焦教学重点和难点，引起和激励探究性学习，深度达成教学目标的具有一定挑战性的任务。这种突出了学生学习的挑战性的学习任务设计，有助于学生的自我参与、自主建构、合作交流、自主反思，使学习变得有趣，让思想感悟深刻，让学习走向对话，让思维走向审辨，是培养学生信息技术学科核心素养的有效路径。挑战性学习任务围绕挑战性，表现出以下五个方面的特征。

针对性。学习任务将单元学习的多个要素关联起来，承载核心素养导向的目标，同时肩负表现性评价的开展过程，评价学生在学习活动过程中的表现。

真实性。深度学习要让学生真实地参与学习过程，体现"以学生

---

① 刘月霞，郭华．深度学习：走向核心素养（理论普及读本）［M］．北京：教育科学出版社，2018：84．

为中心"的学习过程，设计让学生真实地参与探究、讨论等的学习过程。学习活动链接真实世界，体现学科思想方法在真实世界中的应用价值，为学生提供真实世界的情境素材。真实性也表现为挑战性学习任务的解决过程具有实际意义和价值。

驱动性。挑战性学习任务能够激发学生的好奇心，引起学生的兴趣，是学生愿意主动并持续感兴趣去解决的任务。这样的任务能够激发学生的态度和责任感，进一步激励学生探索未知的问题。

进阶性。学习任务符合学生深度学习的历程，作为一系列结构化的活动组成，不同活动之间的逻辑关系符合问题解决本体的逻辑，同时顺应学生能力素养的进阶，形成完整的问题解决过程。

建构性。学习任务和活动的开展过程体现学生的主体地位，强调学习者的主动建构过程。学生在完成挑战性学习任务的过程中建构个人新知识。

二、设计信息技术挑战性学习任务的步骤

在做单元学习主题教学规划时，需要综合考虑问题解决过程、知识结构和逻辑顺序，以及学生的认知发展水平，围绕单元学习主题设计挑战性学习任务。其中，要把握好两条学习线索，一条线索是挑战性问题解决的基本框架，另一条是落实信息技术知识能力、学科思想方法、学生正确价值观与必备品格的养成线索，将两条线索通过任务解决结合在一起，避免"知识学习"与"单元学习主题实施"脱节的问题。

我们需要对挑战性学习任务进行设计，学习活动设计是单元学习过程设计中的关键点。围绕单元学习目标和课时学习目标，结合学习内容的特点和学生的学习基础、学习障碍点、发展空间、学习兴趣，设计出一系列具有深度学习特征的挑战性学习任务。

1. 落实单元学习目标

学习目标是教学的起点，也是教学的归宿。[①] 在单元教学过程中，确定了单元学习目标和学习主题后，其后的教学行为应以学习目标为导向，教学效果应以学习目标来核准。因此，在设计活动任务时需要将单元学习目标落实到具体活动中。例如，设计课时教学任务，就要思考并明确一系列问题——要落实的课时学习目标是什么？学习内容是什么？设计学习活动是为了达成哪一项学习目标？课时学习目标和单元学习目标的关系是什么？从而保持活动任务和单元学习目标的一致性，确保学习任务设计的针对性和有效性。

2. 聚焦单元任务问题

设计挑战性学习任务的一种关键的策略是"围绕问题"进行设计。[②] "问题"是课堂教学的引发点，在学习任务设计中重视学习内容呈现的问题化、问题情境化、问题设计序列化，即通过问题的设置引导学生学习，以问题引发思考和探究，促进深度学习的开展。明确单元主题学习中的关键问题可以减少教学活动设计的随意性，引导学生从精选的活动中受到教育。因此，围绕有价值的问题组织单元活动任务，可以克服以灌输为中心的死记硬背式的学习方式，也可以避免那种"为任务而任务"，流于表面形式，没有实质意义的"假任务"。

在"基于数据处理的高中生职业生涯规划"主题单元挑战性学习任务的过程中，聚焦单元核心问题"如何基于数据处理制定职业生涯规划书"，并进一步分解核心问题，将其细化为三个子问题，保证每个子问题可以通过相应的活动任务来实现。

子问题1：在"认识自我"任务中，如何选用数字化工具对个人的霍兰德职业兴趣测量表数据进行统计分析，并将数据可视化呈现？

---

① 崔允漷. 有效教学［M］. 上海：华东师范大学出版社，2009：110.
② 威金斯，麦克泰. 理解力培养与课程设计：一种教学和评价的新实践［M］. 么加利，译. 北京：中国轻工业出版社，2003：43.

子问题2：在"了解职业环境"任务中，如何通过使用数字化工具合理采集招聘网站的相关数据，了解当前社会对各种职业的需求情况以及不同职业的要求等信息，最终形成职业数据的可视化报告？

子问题3：在"分析专业"任务中，如何在数据处理的基础上，通过对不同高校的招生专业和选考科目进行分析，结合自己的学科优势，制定符合自身特点与发展需求的职业生涯规划方案？

3. 创设活动情境

确定单元主题学习任务和核心问题后，就需要根据学生的学习经验和任务要求对活动情境进行描述，引导学生进入活动场景。所谓活动情境，是指活动任务的物理环境和其中的概念结构。乔伊和汉纳芬（J. Choi & M. Hannafin）指出，情境具有两大极其重要的作用：一是构建学习任务与学习者经验，使其产生有意义的联系；二是促进知识、技能和经验之间产生连接。在信息技术教学中，"真实情境"能满足"做中学"的条件，给学习者提供真实存在的学习环境，包括学习过程中需要用到的软硬件、数字化学习环境。通过创设真实情境，能让学生发现问题，产生解决问题的动机，在解决问题的过程中理解概念，提升信息技术学科核心素养。情境主要包含人物、时间、地点、工具、规则这五个部分，它是动态变化的，每一个活动的形成都是以前一个活动的效应为根据。

例如，"基于数据处理的高中生职业生涯规划"单元学习主题根据学生最关心的个人选课和未来发展创设职业生涯规划活动情境，活动情境应贴近学生的现实生活——学生面临新高考下的选科分班需求，学校已经开设了职业生涯规划相关课程；活动情境应符合教学需求——能整合"数据处理与应用"单元中的所有教学内容，要综合运用知识和技能解决问题；为更好地提升学生信息技术学科核心素养，活动情境还应具有一定的开放性、实用性，引导学生进行深度学习与思考。

4. 设计学习方式

学生是学习活动中的主体。学生通过利用多样化的学习材料参与探索、发现，经历知识形成的过程；开展有目的、有方向的自主合作和探究等主动学习活动，形成了学习成果。在深度学习中，教师就是要帮助学生成为学习活动的主体[①]，设计适合深度学习理念的方式支持学生学习。《普通高中信息技术课程标准（2017 年版 2020 年修订）》在教学建议中也强调，在教学中，教师应该淡化知识的单一讲解，鼓励学生通过自主探究解决项目中的问题，在解决问题的过程中整合知识学习，促进思维发展。在"尝试→验证→修正"过程中发展学生的计算思维，在活动的问题解决过程中形成数字化学习与创新能力；在项目成果的推介交流中，提升信息社会责任。例如，在"基于数据处理的高中生职业生涯规划"单元学习主题的学习中，通过基于真实情境、问题导向、数字化环境资源支撑的学生自主学习，引导学生在主题活动、问题分析、方案设计、数字化工具选用和作品创新的过程中，达成数据采集、整理、分析和应用等方面知识技能的学习，领悟应用数据解决问题的学科方法，提升数字化学习与创新等学科核心素养，达成单元学习目标。

5. 创设数字化环境

学生成为学习主体的重要标志是能够自主操作特定的对象（客体），并能从中获得发展。教师的作用，就是为学生提供这种既能自主操作又能帮助学生获得发展的教学材料。[②] 信息技术单元主题活动与信息化环境有着紧密的联系，按照活动需要，提供配套的学习资源，支持学生开展单元主题活动。例如，单元任务活动中用到的共享单车数据、编程语言、爬虫软件、数据处理平台等。因此，为支持学生挑战

① 郭华. 深度学习的关键是真正落实学生的主体地位 [J]. 人民教育, 2019（Z2）: 55-58.

② 刘月霞, 郭华. 深度学习: 走向核心素养（理论普及读本）[M]. 北京: 教育科学出版社, 2018: 40.

性任务的实施，就需要依据任务要求，创设有利于学生开展学习的数字化环境、资源和条件，引导学生在数字化学习过程中，领悟数字化环境对个人发展的影响，养成终身学习的习惯。帮助学生在单元主题实践过程中，利用数字化资源与工具开展自主学习和协作学习，创造性地解决问题或创作出有个性的数字化作品。

例如，"基于数据处理的高中生职业生涯规划"单元学习主题为了支持学生开展"认识自我""了解职业环境""分析专业"的挑战性任务，启用"学校信息技术 Moodle 学习平台"，利用"网络教学评价系统"（如图 2-4-1 所示）为学生提供线上线下结合的开放式学习环境。利用此系统，学生可以创建个人学习作品电子档案、保存阶段性学习数据，分享学习作品等。单元学习主题数字化环境的启用，支持学生开展线上线下融合式学习活动，在"尝试→验证→修正"的"试错"过程中，发展学生的计算思维；引导学生从自主寻求项目实施所需知识和技能的过程中形成数字化学习与创新能力；在主题活动成果的推介交流中，提升信息社会责任。教师根据教学评价系统对学生学习过程的记录，了解学生的学习需要，指导学生开展个性化学习。

6. 规划活动程序

学生学习的主体性反映在活动生成方面，作为学习主体，学生在活动中得到发展。教师给学生提供自主操作的教学材料，也意味着教师要基于教学材料设计并引导学生的主动学习活动与学习进程，即引导学生从现有水平出发，展开主动活动，在活动中发展，形成一定的意识与能力，把应用水平转化为现实水平。可见，教育理念对教学活动起着引领和指导的作用，任何课堂活动行为都应以教育理念为指导，活动程序规划都要基于科学的教育理念支撑，这样活动才能更有效地实现学习目标。信息技术单元学习主题是教师整体思考单元教学后设计的，主题活动像"黏合剂"一样加强了课时与课时之间的关联，针对问题链与各项任务的关系，按照学生的认知规律，合理安排单元课

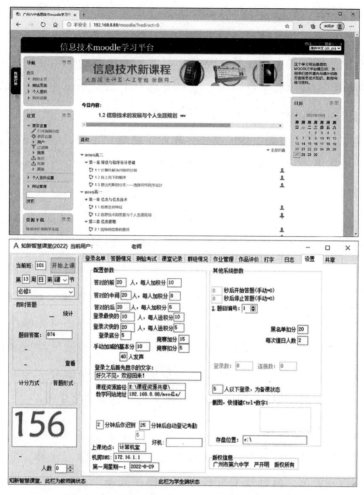

图 2-4-1　支持挑战性学习任务的数字化环境

时，把"解决每一个问题，完成每一项任务"落实到课时中。例如，"基于数据处理的高中生职业生涯规划"单元学习主题活动依据学习目标，在学习内容分析的基础上，针对需要解决的问题设计活动过程，并为每项学习活动提供相适应的学习资源，如表 2-4-1 所示。

表 2-4-1　单元学习主题活动过程设计

课时	学习目标	学习内容	学习活动	学习资源
第1课时	目标1：明确单元学习主题，分解任务。目标2：通过霍兰德职业兴趣测量表的填写和数据计算，巩固表格数据处理的基本知识。	1. 数据处理的一般过程（结合职业生涯规划的基本步骤）。2. 表格数据处理的基本操作（计算、排序、筛选）。	1. 观看职业生涯规划的相关微课视频。2. 尝试填写霍兰德职业兴趣测量表，并选择合适的存储格式和数据类型。3. 对数据进行基本的处理。	1. 关于职业生涯规划的微课视频。2. 自动检测的VBA（Visual Basic for Applications）程序。3. 表格数据处理的相关操作微课视频。
第2课时	目标1：掌握不同类型数据图表的适用范围和制作方法。目标2：通过为个人的霍兰德职业兴趣测量表制作数据图表感受可视化表达的意义。	1. 表格数据的基本操作（分类汇总、数据透视）。2. 数据图表的分类、作用及制作方法。	1. 使用正确快捷的方法对个人的霍兰德职业兴趣测量表进行有效处理。2. 制作能体现数据特点的图表。3. 对可视化结果进行归纳分析。	1. 表格数据处理的相关操作微课视频。2. 数据图表制作的微课视频。3. 自动检测的VBA程序。
第3课时	目标1：了解大数据处理的一般思想与架构。目标2：知道大数据采集和存储的常用工具与方法。目标3：体验通过数据采集工具或程序（软件）获取大数据的过程。	1. 大数据处理的基本思想。2. 大数据采集和存储的常用工具与方法。3. 对数据进行编码、清洗和重组的基本方法。	1. 通过微课视频自主探究有关大数据处理的一般知识，抢答教师的提问。2. 用现成的数据采集工具或程序（软件）尝试获取职业招聘数据。3. 了解大数据的存储和组织，对采集到的数据进行简单整理。	1. 大数据处理思想与架构的微课视频。2. 大数据采集常用工具和方法微课视频。3. 招聘网站数据的爬虫程序/专用数据采集软件。

续表

课时	学习目标	学习内容	学习活动	学习资源
第4课时	目标1：知道数据分析的基本工具与方法。目标2：体验用Python分析文本数据的过程。目标3：知道数据可视化的意义并能调用Python生成标签云。	1. 数据分析的基本工具与方法。2. Python文本数据处理的一般方法与常用模块。3. 数据可视化的作用与标签云的含义。4. 用Python进行数据可视化的基本方法。	1. 自学教师提供的带注释的程序，尝试运行并分析前一节的招聘数据。2. 修改代码，分析自己感兴趣的某个领域招聘数据。3. 制作招聘数据的标签云。4. 结合得到的分析结果完成职业生涯规划中的职业环境和发展前景分析。	1. 招聘网站数据处理程序（用于统计不同类型职业的招聘数量、工作地点、学历要求、薪资等）。2. 标签云的生成程序。3. 数据可视化及其作用的相关微课视频。
第5课时	目标1：知道大数据应用的一些典型案例对人们决策的影响。目标2：通过招生专业的分析学会选择合适的工具与方法进行数据处理。目标3：学习撰写数据分析报告。	1. 典型的大数据应用案例。2. 数据分析报告的基本结构。3. 选择合适的工具和方法分析数据、解决实际问题。	1. 浏览典型的大数据应用案例（可结合时事），回答问题。2. 小组合作，选择适当的工具和方法分析高校专业、高考分数线、学科成绩等数据，用可视化方式进行表达，模拟专业的选择。3. 根据模板生成职业生涯规划书，提交作业。	1. 典型大数据应用的网页和视频资源。2. 高校招生专业信息表、高考分数线表格、校内多次考试成绩表（网上采集加虚拟生成）。3. 职业生涯规划书基本模板。

续表

课时	学习目标	学习内容	学习活动	学习资源
第6课时	目标1：知道数据保护的意义和简单方法。目标2：学会对数据分析报告进行客观评价。	1. 信息安全的相关法律法规。2. 数据保护的常用技术手段。3. 数据分析报告的评价标准。	1. 对职业生涯规划方案进行个人自评与小组内部互评。2. 尝试通过加密方法进行数据保护。3. 阅读有关信息泄露和招聘诈骗的案例资料，分析数据保护的意义，回答问题。	1. 有关数据泄露与其他网络安全问题的案例资料。2. 数据备份与加密基本方法的微课视频。3. 职业生涯规划书评价指标。

三、信息技术挑战性学习任务设计中的常见问题及解析

【问题1】信息技术挑战性学习任务与学习目标脱节

问题表现

教学情境创设、教学方法选择不能有力凸显学习目标。在教学设计时没有紧扣学习目标、学习主题，忽略挑战性学习任务的拆解过程对学习目标的支持，导致任务与学习目标不匹配，课堂表现性评价任务与挑战性学习任务的关联性不强的问题。

教师的困惑

教师：确立核心素养导向的学习目标后，通过完成任务实现知识与技能目标较容易，使任务体现核心素养目标则比较难。

教师：挑战性学习任务如何与学生个性特点相结合？如何通过挑战性学习任务的设计和实施提升学生的学科核心素养？

思考与建议

挑战性学习任务要为单元学习目标服务，所以在设计挑战性学习

任务时一定要指向单元学习目标，将挑战性学习任务与单元学习目标逐条对照，确保挑战性学习任务能够实现目标要求。挑战性学习任务拆解为具体的学习活动时，要明确学习活动中的任务关系是什么，通过"问题链"把各项活动中的任务连接起来，以问题和学生认识发展的起点与障碍点作为拆解的重要依据。此外，在教学过程中教师还要考虑学生学习风格、教学环境及学生在学习任务中表现出的能力素养，将其与学习目标对应，设计评价任务，通过相互对应的方式保障"教—学—评"相一致。

【问题 2】信息技术挑战性学习任务缺乏递进，学生参与度较低

问题表现

挑战性学习任务间没有递进关系，学生在重复性练习。挑战性学习任务的设置缺乏挑战性，学生学习兴趣不高。挑战性学习任务设置得太难，或任务间梯度变化太大，学生努力后也不能达成学习目标。

教师的困惑

教师：挑战性学习任务由一系列活动任务组成，如何能通过活动使学生的学科核心素养螺旋上升，体现学生素养发展的进阶过程？

教师：在设计挑战性学习任务时，所给出的任务不能很好地提升学生的学科核心素养，学生的参与度较低。

教师：针对需要开展的挑战性学习任务，学生难以完成，面向学科核心素养的学习目标也无法达成。

思考与建议

挑战性学习任务要符合学生深度学习的历程，它由一系列结构化的活动任务组成，不同活动任务之间的逻辑关系要符合核心问题解决的逻辑，顺应学生的学科核心素养进阶，形成完整的问题解决过程。首先，教师要在学情分析的基础上进行任务设计及任务分解，要设计适合学生学习的挑战性任务，而不是适合教师教的教学任务。其次，

教师应分析课程标准的"内容要求""教学提示""教学建议",创设挑战性学习任务的活动环境,根据问题解决线索、学生认识发展线索的需要设计挑战性学习任务。在此过程中,梳理单元活动问题解决的先后顺序,围绕学生所要学习的内容,将活动内容框架置于学生"最近发展区"内,针对活动问题,搭建学习支架,支持学生开展探索活动,解决活动问题。例如,在数据处理过程中,根据解决问题的需要,利用信息技术工具进行数据的排序、查找、删除、分类汇总、数值计算,将上述方法与技能嵌入活动过程中。此外,在分解任务和组织教学时,要明确子任务之间的相互关系,采用"从易到难"的方式安排子任务的完成过程,对每一个子任务的活动成果给出明确的要求,引导学生循序渐进地开展单元主题活动。

【问题3】信息技术挑战性学习任务与学生的学习生活脱节,学生的学习兴趣不高

问题表现

教师"教"的思维太浓,单元学习主题活动任务主要停留在知识记忆或技术训练层面上。设计的信息技术活动问题直接指向结果和事实性知识,缺少学生完整思考验证的过程。挑战性学习任务活动缺乏驱动性。由于活动任务的要求过于强调操作,学生即使能完成任务,也能展示学习作品,但依然不明白其中的道理。

教师的困惑

教师:活动任务的设计很难与生活中的真实情境相结合,活动任务对于学生的驱动性不强,没办法让学生产生浓厚的学习兴趣。

教师:信息技术教学中常用到任务驱动的学习方式,学生的学习就是按步骤完成作品,这也导致学生学习后只会操作工具,不具备解决问题的能力。

思考与建议

移动通信、大数据、人工智能等新技术的发展催生出现实与虚拟相互融合的环境，拓展了人们的生存时空，改变着人们的思维与行为方式。因此，信息技术挑战性学习任务要依据学习目标，反映出信息时代的发展与应用，符合"数字原住民"学生的学习和生活经验。首先，信息技术教师要领会课程标准中的相关建议，通过挑战性学习任务，让学生经历应用信息技术解决问题的过程，表现出所需具备的学科核心素养。例如，《普通高中信息技术课程标准（2017年版2020年修订）》建议，在教学中开展项目学习时，要创设适合学生认知特征的活动情境，引导他们利用信息技术开展项目实践、形成作品。项目学习应以信息技术学科核心素养的养成为目标，在项目实践中渗透学科核心素养，整合知识与技能的学习。其次，教师要了解信息时代学生学习和生活的特征，能将生活中的案例作为学习任务设计的素材。教师要从"学会操作"的课堂价值取向转向"形成学科核心素养"的价值诉求，引导学生从实际生活中发现项目素材，培养学生的信息意识；在"尝试→验证→修正"的"试错"过程中，发展学生的学科核心素养。此外，为了能够引导学生有针对性地开展活动，挑战性学习任务的设计也需要针对活动作品设计评价和指导工具，为学生开展活动提供支持。例如，在编程任务的活动过程中，提供小组活动评价标准、作品评价量表等，用于对学生的活动过程和结果给出一个准确的判断，促使学生进行自我反思与改进。

第五节　开展持续性学习评价

《普通高中信息技术课程标准（2017年版2020年修订）》增加了有关学业质量评价的内容，对学生学业成就的表现进行了总体刻画，通过学业质量评价，引导教学更加关注育人目的，强调要注重过程性评价与总结性评价相结合，充分利用信息技术的学科优势，记录学生的学习状况，客观评估学生的学习过程与学习态度，力求全面、公平、公正地评价学生的学业状况。①课程标准的相关建议要求信息技术教育工作者在教学中有针对性地收集与分析学生的学习信息，对学生的学习过程开展持续性评价，判断学生的学习状况，做出教育决策，推动"教学—反馈—改进"持续发展，助力学生的深度学习。

一、持续性学习评价的特征

持续性评价是指教师根据学习目标，在学习过程中或者学习结束后，通过对话、观察、作业、评价量表、单元测试、个别化指导等多种方式，对学生学习目标达成情况进行分析、诊断，发挥调控学习过程、反馈与指导教学改进，以及促进学生反思改进的作用。持续性学习评价是更好地实现学科核心素养要求的重要手段。在信息技术深度学习教学中主要表现为如下特征②。

其一，开展持续性学习评价，可以及时了解学生学习目标达成情况、监测与调控学习过程、反馈与指导改进教学。持续性评价通过持续地进行信息反馈，指导师生改进教与学的方式。

其二，持续性学习评价是一种形式多样的、以学生发展为中心、以学科核心素养为导向的立体性评价，是综合素质评价的一部分。持续性学习评价包括纵向的时间维度和横向的学科维度。纵向的时间维度主要指学科核心素养发展的年级进阶发展水平，是学生自己与自己的比较，看发展的增量；横向的学科维度是学生各学科核心素养发展水平之间的比较。持续性学习评价也可以将学生所在群体的各学科核

---

① 中华人民共和国教育部．普通高中信息技术课程标准（2017 年版 2020 年修订）[M]．北京：人民教育出版社，2020：50．

② 刘月霞，郭华．深度学习：走向核心素养（理论普及读本）[M]．北京：教育科学出版社，2018：87-88．

心素养发展状况作为参照系，当作综合判断时的参考。

其三，持续性学习评价是激励性评价，其利用学习分析、课堂观察等方式，为不同学生定制不同的学习要求，持续跟踪学习情况，通过计算学生学习成就的增项，让每一名学生都能感受到自己的进步，以评价促进学生学习。

其四，持续性学习评价更多的是形成性评价，要贯穿学生学习的始终，随着教学进程的推进，通过评价唤起学生的元认知，让学生始终记得学习的目标是什么，并自主监控学习目标是否达成，主动反思和调控学习的进程，使学习不断深入。

二、持续性学习评价方案设计原则

持续性学习评价贯穿学生学习始终，包括课前、课中和课后。课前可以通过预习性作业、访谈或上一节课的表现情况进行评价诊断，作为教学设计的依据。课中可以通过师生对话、课堂观察、挑战性学习任务中的表现、评价量表等来进行评价诊断，并对课堂教学内容、策略、进度等方面进行调节，也可以作为课时作业设计的依据。课后可以通过巩固类作业、应用性作业、单元测验等进行评价诊断，将评价诊断结果作为下一节课或下一个单元教学设计的基础。由此可见，在设计持续性学习评价方案时要遵循过程性、导向性、全面性和激励性原则。

过程性原则：关注学生在单元学习主题学习过程中发展的核心知识和学科核心素养，针对学生在活动中的表现设计相应的评价方式和评价工具。例如，在学生学习编程的过程中，通过编程学习平台中的"调试"工具，跟踪学生学习编程的过程，判断学生编程过程中的错误点，给出相应的修改建议。

导向性原则：评价对学生要有一定的导向作用，学生可以根据评价结果进一步规范自己的行为，不断向标准靠近，逐步达成学习目标。例如，学生在创作多媒体作品的过程中，通过教师提供的多媒体作品评价标准，在学习活动过程中不断对学习作品进行修订和完善，提高数字化作品的制作与创新能力。

全面性原则：按照学科核心素养的要求从多维度对学生进行评价，最终促进学生的全面发展。《普通高中信息技术课程标准（2017年版2020年修订）》在学业水平考试命题建议中强调"在考查学生知识与技能的同时，也应融入对学习过程和方法的考查，判断学生综合应用信息技术的能力"①。

激励性原则：持续性学习评价以促进学生发展为目的，评价过程中所采用的评价方式既要肯定学生学习的进步，又要发现学生在学习过程中存在的问题，给出合理的发展建议，激励学生深入地开展学习。

三、信息技术持续性学习评价方案设计步骤

信息技术持续性学习评价是面向学生学科核心素养的评价，是对学生的信息意识、计算思维、数字化学习与创新、信息社会责任的综合性评价。在单元学习主题教学中，学生的发展是通过一系列学习活动逐步获得的，教师不仅要通过持续性学习评价诊断学生的素养水平，还需通过活动中的过程性评价促进学生信息技术学科核心素养的进阶，设计"教—学—评"一致性的方案。信息技术持续性学习评价设计的主要步骤如下。

1. 依据学习目标，制定评价方案

依据单元学习目标，围绕学生在本单元信息技术学科核心素养的发展水平，分课时设计持续性学习评价方案，主要内容包括学习目标、评价任务、评价标准、评价方法等。在整体设计单元评价的基础上，评价方案将持续性评价活动渗透到每课时的教学过程中，通过持续性

①　中华人民共和国教育部. 普通高中信息技术课程标准（2017年版2020年修订）[M]. 北京：人民教育出版社，2020：57.

评价及时反馈学生学习过程中的问题，从而有针对性地调整学习方法，促进学生深度学习的开展，确保信息技术学科核心素养逐项得到落实。表 2-5-1 是"基于数据处理的高中生职业生涯规划"单元学习主题的持续性学习评价方案设计示例。

表 2-5-1　持续性学习评价方案设计示例

课时	学习目标	评价任务	评价标准	评价方法
第 1 课时	熟练掌握表格数据的计算、排序、筛选、分类汇总等操作。	自评霍兰德职业兴趣测量表样例的数据处理。	各种数据处理工作（计算、排序、筛选、分类汇总）的评分指标。	提问、展示，软件自动测评所用公式或函数是否正确。
第 2 课时	能根据实际需要选择合适的数据图表。	对霍兰德职业兴趣测量表对应的数据图表进行小组互评，及时登记课堂成绩。	事先制定的数据图表评价指标（类型、数据范围、数据标志等）。	课堂观察、提问、展示，使用评价系统登记小组课堂成绩。
第 3 课时	了解大数据处理的思想与方法。	对大数据采集和存储的常用工具与方法的基本认知。	根据自主学习材料设置的抢答问题的答案和分值。	使用评价系统的抢答功能自动批阅并计分。
第 4 课时	能用 Python 进行简单的数据处理并实现可视化。	提交修改的程序与制作的标签云截图，由教师评分。	事先制定，根据不同程序功能达成度得到不同分值。	提交作业，人工批阅程序和标签云。
第 5 课时	知道数据挖掘的意义和基本方法。	回答教师提问，提交对高考专业信息的分析意见。	根据自主学习材料设置的抢答问题的答案和分值，讨论结果汇报情况。	课堂观察、提问、展示，使用抢答功能自动批阅并计分。
第 6 课时	完成职业生涯规划书，能举出合理的数据保护技术手段。	提交职业生涯规划书，完成自评和组内评价。用填空题的形式让学生提交个人数据保护的技术手段。	事先与学生讨论协商并参考其他评价标准制定职业生涯规划书评价指标。	用调查问卷工具对职业生涯规划书进行评价。通过评价系统检查填空题的答案是否正确。

2. 确定评价方式及评价工具

根据评价方案对学生的学习内容和学习过程进行评价，及时反馈学生学习学业情况及学习表现。在教学过程中，通过灵活多样的评价方式激励和引导学生学习，发展学生学习学科核心素养。在评价过程中，教师应注意观察、记录学生完成任务活动时所设计的方法及实施过程，分析学生的信息技术作品，考查学生信息技术工具的选用情况，以及学生应用信息技术的表现。教师在向学生呈现评价结果时，可以采用评价报告、学习建议等方式，以鼓励性的语言激发学生内在的学习动机，帮助学生明确自己的不足和努力方向。

为能准确判断学生的学习情况，评价实施中可利用多元方式追踪学生的学习过程，采集学习数据，及时反馈学生的学习状况，改进学习，优化教学，评估学业成就；注重真实问题情境中的评价和整体性评价，评价方式和评价工具应支持学生自主或协作地进行学习问题解决，促进基于主题任务的学习。此外，信息技术学科评价也要充分利用信息技术的优势，采用电子作品档案袋、学习平台等技术手段记录学生的学习状况，客观评估学生的学习过程与学习态度，力求全面、公平、公正地评价学生的学习状况。图2-5-1是"基于数据处理的高中生职业生涯规划"单元学习主题活动中开发使用的评价工具。伴随式学习评价过程中，利用在线技术工具为学生建立电子档案。通过电子档案，记录学生在完成数据处理任务时的过程性学习成果，如学习作品、小测验结果等，实时分析和查阅每位学生的学习情况，综合比较全体学生对每一项活动任务的学习状况，以此为教师和学生调整学习提供支持。

图 2-5-1　借助网络教学评价系统和网上问卷调查工具开展评价

四、持续性学习评价问题解析

【问题1】如何保持"学习评价内容与方法"和"信息技术学科核心素养"的一致性？

问题表现

教师的评价只重视知识技能的达成，还不能指向信息意识、计算思维、数字化学习与创新、信息社会责任学科核心素养的达成。学习评价主要还是用于比较学生的学习结果，对学生的激励和促进不够。

教师的困惑

教师：日常教学中，学习评价主要是对学生知识技能的测验。在面向学科核心素养的教学中，如何设计过程性评价任务，对于信息技术教师来说是不小的挑战。

教师：为提高课堂教学效率，课堂教学中试题、抢答、提问等形式，有助于教师了解学生的知识技能掌握程度和学习状况，但缺少对学生学科核心素养表现情况的有效判断。

思考与建议

面向学科核心素养的评价是学生学习过程中整体发展的评价，不应局限于学科知识与技能，更需要依据学科核心素养和学习目标进行综合性评价。针对上述问题，在教学中可以设计和使用不同评价类型的持续性评价任务。按照任务形式，评价任务大体可分为三类：简短评价任务、事件性任务和综续性任务。[①]

简短评价任务。这种任务经常用来判断学生对某一知识领域的基本技能、程序、关系以及思维技能的掌握情况。在该评价任务中，安排学生感兴趣的事件，引导学生利用学习的知识和技能对其中的现象进行解释、描述、计算、说明或者发表自己的见解等。通常这种任务在较短的时间内就可以完成。

事件性评价任务。这种任务可用来判断学生解决实际问题的能力，通过它既可以了解学生知道什么，也可以揭示他们应用知识的情况。事件性评价任务通常要求学生以团队或小组的方式合作完成，通过教师评价、学生自评、同伴评价等方式得到评价结果。这种评价任务有时需要较长一段时间才能完成。例如，合作完成"基于大数据的共享单车管理方案"的学习任务。

延续性评价任务。延续性评价任务是一种长期的、多目标的项目性任务。它适用于对学生综合能力的评价。相对于事件性评价任务，延续性评价任务需要的时间会更长，可能会需要几星期，甚至一学期。延续性评价任务可为学生的学习和评价创设一个真实的环境，学生边学习边评价，单元或学期学习结束时，这个任务的完成情况就可以作为学生的过程性评价结果。

【问题 2 】如何实现主题活动中学习作品"过程性"和"结果性"评价的一体化开展

问题表现

在信息技术主题活动过程中，教师往往是等学生完成活动后，对

---

① 哈特.真实性评价：教师指导手册［M］.国家基础教育课程改革"促进教师发展与学生成长的评价研究"项目组，译.北京：中国轻工业出版社，2004：73.

典型的学习作品进行评价，很少关注学生活动过程中的困惑和问题，从而导致评价过于关注活动结果，而忽视学习过程中的问题。

教师的困惑

教师：受教学时间限制，为了节省时间，主要通过教师进行评价，找出知识技能类的问题予以解决，很难在课堂上开展多元评价。

教师：评价学生的学习情况主要看每项任务的完成情况和作品的展示情况，无法对学生的活动过程进行评价。

思考与建议

首先，教师要树立正确的教育评价观。当前，教育评价领域正在发生着范式的转换，吉普斯（Ceroline V. Gipps）将之描述为从心理测量学范式到教育评价范式的变革，从测验文化到评价文化的变革。[1] 评价范式的转换，最为核心的就是教学、学习和评价的关系发生了明显的变化——评价不再仅限于对教学、学习的判断，而成为促进教学和学习的工具。因此，在评价方式上应改进传统的结果性评价，加强过程性评价，强调增值评价，以评价促进学生的全面发展。

其次，在评价过程中，应尊重学生的水平差异和个体差异，要创造条件让学生甚至家长主动参与到评价中，增强学生自主评价的积极性。要以多样化的评价促进学生学科核心素养的提升，不能简单地以分数或等级来评估学生，要多采用表现性评价语言，注重学生在不同起点上的提高，而不仅仅是看重他们是否都达到了某一共同标准。

此外，应充分利用信息技术手段记录、分析学生的学习过程，如采用电子作品档案袋、学习平台记录表等。为提高学生学习作品评价的准确性，可在网络技术环境下，通过在线发布的方式对学生学习作品进行多元评价，以多元视角评估学生的学习作品，以报告单的方式

---

① GIPPS C V. Beyond Testing：Towards a Theory of Educational Assessment［M］. Philadelphia：The Falmer Press，1994：1-12.

为学生提供学科核心素养的综合评价报告。

【问题3】如何开展"线上评价"和"线下评价"相结合的持续性学习评价

问题表现

评价过程中过于关注学生学习作品的展示，没能充分利用信息技术手段组织和实施持续性学习评价。评价方式手段比较单一，缺少学生间互评、家长参与评价，没有使用相关的信息化平台促进多元评价的开展。

教师的困惑

教师：对于持续性评价的理解仅仅停留在课堂习题测试上，在如何对所有学生作品、学生反思情况或专题报告进行更好的评价方面还有困难。

教师：学习评价方式还比较单一，主要通过学生的课堂表现和作品等进行评价，如何借助信息化手段促进多元评价也是评价开展过程中遇到的难题。

思考与建议

互联网、大数据和人工智能的发展为持续性学习评价提供了新的方式。为支持信息技术持续性学习评价，跟踪学生的学习过程、保存学生的学习数据，可通过信息技术工具提高评价质量和效率。其一，以网络平台拓展学习评价空间，促进线上线下融合评价。在评价过程中，借助网络平台可以实现学生学习过程的数据采集与数据分析，加强学生在线作品的协同创作，实现作品共享，有助于开展跨时空的多元评价。其二，实时收集学生学习数据，促进个性化学习评价。在评价方案设计中，依据核心素养要求和学习目标设计评价指标体系，通过对相关学习指标数据的收集，判断学生的学习状况，以此提供相应的在线学习指导与支持，推进精准化评价和个性化指导。其三，建立个人电子档案，加强过程性学习评价。在信息技术主题活动中，学生会生成类型多样的学习作品，如编程作品、多媒体作品、数据分析报告、简单的信息系统搭建作品等，为了有效地管理和综合评价这些过程性学习作品，教师可用信息化平台为每位学生创建电子档案，分门别类地保存每位学生的过程性学习作品，为学生信息技术学习的综合性评价提供真实的学习证据。

为了能更好地促进学科核心素养的落实，信息技术伴随式学习评价一方面要加强基于素养的评价设计，体现"教—学—评"的一致性；另一方面也要加强信息技术工具在评价中的应用，利用数字化、网络化和智能化手段真实地反映学生学科核心素养的发展情况。总之，评价可作为教学过程中发现学习问题、解决问题，最终使教学活动朝着预期方向发展的重要方式与手段，伴随式学习评价的核心理念或价值观就是要促进学生学习与发展，以此反思教师自身的教学及其专业发展，通过及时的反馈来调动学生学习的主动性和积极性，在此过程中，完善教师的"教"，促进学生的"学"，高质量落实信息技术学科核心素养的培养。

第六节　创设开放性学习环境

开放性学习环境是深度学习过程中的支持性要素，具备一定的适恰性、开放性和弹性，在指向深度学习的教学实践模型的图示中处于外圈位置，对指向深度学习的教学实践模型中的四个要素起到支撑作用。开放性的学习环境可以丰富学习资源，拓展学习时空，创新学习方式，促进学习交互，加强个性化反馈。具体而言，开放性学习环境包含人文环境、物理环境和虚拟环境。

一、人文环境

人文环境主要指安全、和谐、具有鼓励性的心理氛围和人际环境。人文环境的开放性主要表现在以下三个方面。

一是对学生多样化理解和表达的尊重与接纳，尤其是对学生答题错误的宽容与适当反馈。一方面，学生只有在充满信任的环境下才有可能大胆尝试、积极探索，获得持续努力的信心和韧性；另一方面，学生表现的困惑和问题也可以作为学习资源，在"试错"和自我修正过程中不断提升理解，达成对学科知识的掌握。

二是宽松的心理环境及有弹性的教学安排。重视学生在学习过程中的情感体验和心理感受。在既定目标的指引下，允许甚至鼓励学生按照自己的进度和节奏展开学习。

三是人际互动的开放性。除了增进师生之间、生生之间的互动之外，可以通过"请进来、走出去"等策略，使学生有机会向学校之外的企事业单位和科研机构专业人员学习和交流。这可以增进学科知识技能学习与生活、生产劳动、学科发展等真实问题的联系，使学生感受学科知识迁移运用的多种场景，体验学科知识和学习的意义。

随着信息技术在社会各领域中的广泛应用，一个全新的数字化学习环境已初步形成，在信息技术单元学习主题活动中合理引入人文环境，可以更好地激发学生的学习兴趣。

例如，为了促进学生计算思维的发展，有教师引入计算方法研究《红楼梦》的案例，描述研究人员采用开源软件统计"红楼梦"中词汇的出现次数，用词频分析每个章回的特征，再采用算法比较各个章回用词的相似程度，以此判断《红楼梦》的前八十回和后四十回为同一作者的可能性。

再如，在信息社会责任的相关学习中，通过"低头族"现象引发学生对信息社会责任的思考，让学生感受到信息时代越来越多的人加入了"低头族"——他们在路上行走时低头看手机，在朋友聚会时低头看手机，在用餐时低头看手机。尽管手机方便了人与人的沟通和交流，世界因为手机的存在，正在变得越来越小，但是手机也带来了一些危害和问题。人们缺少对数字生活的正确认识是产生问题的原因，"低头族"的生活正被手机应用行为所侵蚀。

通过人文环境的设计和应用，在信息技术教学中可以让学生感知到，信息社会中拥有"信息知识"并不代表一定拥有"信息文化"。信息素养教育是在数字化环境下对人文素养的发展，使得生存于"数字化地球村"中的成员能相互理解、相互尊重、相互包容，共同推动社会文明的进步。缺少符合信息时代需要的文化品位和修养，或"缺少自信，盲目跟风"，或"抱残守缺，妄自尊大"，都将不利于一个人、一个国家和一个民族的文化发展。

二、物理环境

深度学习的物理环境通常指的是学习活动赖以进行的一切物质条件所构成的整休，包括自然环境、地理环境、校园环境、教室的位置和室内布置、设施环境（课桌椅、实验仪器、图书资料、电教设备和声光电温等）、时空环境（教学时间安排、班级规模、座位布局等）。而随着信息技术的快速发展，由信息技术所营造的虚拟学习空间，可将上述学习的自然环境、设施环境、时空环境融为一体，形成独立的学习环境。物理环境是教育教学思想和价值观的物化，为深度学习的发生创造最佳的空间。

这里讨论的物理环境包括为学生提供真实学习情境的校内外场所，个性化的、丰富的学习资源，个性化的学习区域，有利于师生、生生交互、合作探究的场所、设备、设施以及有助学生总结反思改进的工具等。物理环境的开放性主要体现在以下方面。

一是开放的学习空间。引领性学习主题需情境化呈现，需要与真实世界建立关联，为此，学校内的专业教室、场地设施等一切条件，校外的"大概念"应用的真实场景等，在设计深度学习时均需加以考虑、引入。当然，也包括虚拟的学习空间。设计教室的学习区域，促进学生的个性化学习。与家庭、社区、高校、企事业单位等合作，以开展实践性、项目式、合作探究式的学习。墙面、白板、投影、移动设备、软件工具、纸笔等，都可作为学生思维可视化的环境、条件，由此促进教师与学生的反思改进。

二是开放的学习时间。以学习单元为单位对学习内容进行重构后，学习的时间也将发生变化，根据学习主题的范围，课时可能会缩短，也可能会增多，也可能涉及大、小课时的编排。尤其当学习空间延展至校外时，也会对学习时间做适当的调整。

信息技术是一门实践性很强的课程，《普通高中信息技术课程标准（2017 年版 2020 年修订）》就强调应设立能满足各模块教学需要的信息技术教室和信息技术实验室，配备数量合理、配置适当的计算机和相应的实验设备，并配备满足各模块教学需要的软件及网络设施。有条件的地区及学校可以为开设移动应用课程、变革课堂教学方式和学生学习方式创造条件。例如，在信息系统的"智能感应灯"单元学习主题活动中，为了更好地支持学生开展实验活动，教师为学生的主题活动准备了相应的实验设备。

实验环境配置如下：（1）安装编程语言环境、能够访问网络的计算机。（2）提供与实验活动相关的开源硬件实验器材，包括外置电源、主控板（自带温度传感器）、扩展版、Wi-Fi 模块、温湿度传感器、光线传感器、舵机、指示灯等，"智能感应灯"实验设备如图 2-6-1 所示。

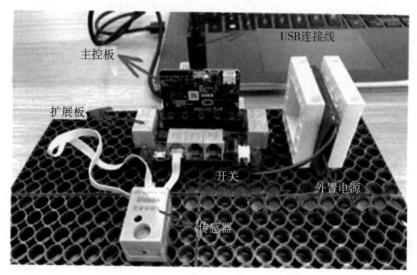

图 2-6-1 "智能感应灯"实验设备

三、虚拟环境

虚拟环境主要指的是信息化、数字化、网络化、智能化的学习环境。虚拟环境包括数字资源、软件工具和信息平台三大方面，将虚拟环境融合于教学设计之中，将从不同维度促进深度学习的发生。

1. 数字资源

数字资源是指在教学系统中可支持学习的材料，可为学习者开展深度学习提供丰富、可选择、有进阶的学习素材。随着互联网、移动互联网、智能终端的普及与发展，数字资源的类型越发丰富多样，包括文字、图片、音频、视频、数据集、三维模型等。数字资源不仅便于共享与传播，更有助于教师运用资源进行再设计，为学生提供生动、直观、富有启发性的可视化知识。

数字资源包括微课程学习资源与学习生成性资源。微课程是在新媒体环境下，依据教学目标，素养导向，借助微视频、移动设备、网络平台等信息化工具发展起来的一种"容量小""时间短""视频化""易传播"的数字资源。微课程学习资源的开发要基于国家课程标准，按照微课程目标界定学习主题，设置挑战性学习任务，并将此细化为几个核心子问题或子任务，分析学习问题之间的相互关系，形成"学习问题链"或"学习任务群"，从而设计其结构层次和呈现方式。一个微课程资源包通常包括学习目标、微视频、学习活动与学习评价等内容。

学习生成性学习资源是指学生在学习过程中生成的讨论成果、学习作品，以及学习过程中产生的一些学习问题等。收集与分析生成性学习资源，可以有针对性地为学生提供学习支持，促进学生的个性化学习；也可对这些资源进行合理共享，帮助其他学生从中获取学习经验，少走学习弯路。借助信息技术工具，可为每一位学生建立相应的生成性学习资源库。例如，借助网络平台可为每位学生建立"网络错题库"，帮助学生找到个人学习的薄弱之处，也有助于教师有针对性地进行学习与指导。

2. 软件工具

软件工具是指能为学生提供记录、搜索、分享、协作与创造的技术整合方式，包含支持信息查询类工具、认知加工类工具和协同学习类工具，可为教师开展教学提供丰富多样的教学组织方式，为支持学生多样化的学习路径与学习方式提供适当的工具。

软件工具可分为信息搜索工具、协作交流工具、知识可视化工具、虚拟体验工具和知识管理工具。信息搜索工具能够帮助学生检索到想要的学习资源和认知答案。协作交流工具可以支持学生进行线上小组协作学习和交流讨论，是一种互动工具。在线交互方式包括在线交流和讨论、实时汇报、共享资源、发布信息等。知识可视化工具能应用视觉表征手段，建构、传达和表示复杂的知识，改变学生的认知方式，促进有意义学习，如概念图、思维导图、认知地图等。虚拟体验工具能支持学生在模拟的虚拟环境中学习，为学生提供更真实和身临其境的学习体验。知识管理工具可以帮助学生加强个人知识管理意识，培养知识管理习惯，构建个人知识生态体系，提升个人学习效率。在一定情境中使用适当的工具，促进学生的学习。

3. 信息平台

信息平台可提供数字化学习资源，也可用于支持学习过程中的数据采集、数据分析、数据协同，以及基于数据驱动的教学设计与教学改进。信息平台打破了学习在时空上的限制，扩展了教学时空，使得线上线下教学进一步融合，并有助于教师根据学生的学习数据进行更多个性化、差异化、智能化的教学。

信息平台支撑下的过程性评价是在学习环境中，将评价嵌入学习过程，依据学习目标，伴随每位学生的学习历程，开发有针对性地适时进行反馈与干预的伴随式学习评价。过程性评价，通过学习与评价交互进行，可及时为教师提供学生学习过程的证据，帮助教师了解学生的学习状况，调整教学方式；也可及时为学生提供个人学习证据，增强学生的自我反思、自我控制与调节能力。

信息技术课程本身就需要在信息化的活动环境中实施。如编程学习的计算机编程语言环境、三维设计与创意的软硬件环境、开源硬件项目设计的开源系统环境等，这些都是必不可少的数字化学习环境。因此，信息技术教师在教学过程中，要充分认识到学生外在学习环境的变化，尤其是现实与虚拟学习空间的深度融合拓展了学生的学习时空，信息技术单元学习主题活动在利用真实情境的教学活动空间时，也应通过在线环境为学生创设个人虚拟的网络活动空间，形成应用便捷、资源丰富、内容可靠、环境安全的数字化学习环境。

现实空间与虚拟空间的结合，有助于改善学生的学习方式，激发学生的探究欲望，丰富教师的教学手段，拓宽师生互动交流的渠道。在教学过程中，教师可围绕学科核心素养，通过互联网构建可持续发展的学习资源建设规划，将学生单元主题学习中的生成性资源转化为后续学习资源，引导学生成为资源的使用者和建设者，促进学生在信息意识、计算思维、数字化学习与创新、信息社会责任等学科核心素养方面的全面发展。学生在亲历数字化学习的过程中，通过评估并选用常见的数字化资源与工具，有效地管理学习过程与学习资源，创造性地解决问题，从而完成学习任务，形成创新作品的能力。

综上所述，信息技术开放性学习环境的构建既要充分挖掘已有的课程教材、硬软件条件以及教室实体空间等学习环境要素，也要充分运用互联网、智能设备、人工智能等新技术、新工具，融合创设开放性的学习环境，通过人文环境、物理环境、虚拟环境三方面的构建，为信息技术课程的开展创建更广阔、更个性化的学习时空。

第七节　进行反思性教学改进

反思性教学改进主要是指教师在实施教学任务的过程中或者完成教学任务后，教师个人或教研团队根据观察记录与分析，以及持续性评价中诊断出的素养的达成情况，分析教学存在的问题与原因，通过教研组研讨、撰写教学反思、改进教学设计等方式，进一步调整单元教学目标、改进教学进度、完善教学内容、丰富教学策略等的一种专业要求，体现了基于证据的教学改进。

一、反思性教学的特征

传统教学模式中，每一节课结束都是一次教学过程的完结，由于日常使用的教材内容比较稳定，教师的教学活动也存在着"备一次课教好几年"的现象。但是，在深度学习的教学活动中，反思性教学使得每次教学的结束也是下一次教学的开始，每次授新课都需要针对上次教学结果的反思改进教学内容和方法，形成新的教学方案。反思性教学能够不断促进教师的专业发展，提高教学质量。其特征主要表现为以下几点。①

1. 反思性教学以解决教学问题为基本点，具有较强的创新性

它超越了教师教学的经验总结，用科学和人文统一的方式解决教学中的问题和不足，追求"更好地"完成教学任务。这使得参与反思性教学的教师获得了创造性思考直至创造性解决问题的机会。

2. 反思性教学以追求教学实践的合理性为动力

在教学中，教师进行反思主要是为了改进教学，这实质上是向更合理的教学实践努力。教学实践中总会有这样或那样的问题，为了更好地解决问题，就需要激励教师采用科学有效的方法思考问题，寻求解决问题的策略与路径，追求教学的合理性。

3. 反思性教学强调两个"学会"，是教师专业发展的历程

反思性教学强调教师通过行动研究不断探究与解决教学方面的问题，将"学会教学"与"学会成长"结合起来，在教学反思中努力提升教学实践的合理性，即在追求教学质量的同时，也追求个人专业成长的需求，体现"教学相长"的教育理念。

4. 反思性教学以增强教师的"道德感"为突破口

反思性教学既表现在以虚心、积极的态度倾听更多人的教学意见，也反映在以负责任的态度去面对教学实践中的问题，并用实际行动改进教学，是增强教师责任感的有效途径。

此外，在教学实践中，反思性教学可以是教师个体的自我反思，但更加强调教研组、教研同伴一起讨论的集体反思改进。学校教研组的研讨、教师的个人反思改进都是促进教师专业成长的重要途径，缺一不可。

---

① 熊川武．说反思性教学的理论与实践［J］，上海教育科研，2002（6）：4-9.

二、反思性教学改进的基本过程

反思性教学可作为促进教师专业发展、加强深度学习、推动学校教育教学改革的过程和手段，反思性教学改进的基本过程包括明确教学问题、收集问题证据、设计解决方法、实践验证成果等环节。

1. 明确教学问题

教师通过对实际教学的观察和感受，意识到教学中的问题，并对问题的情境、性质、结构以及产生的结果进行梳理和描述。例如，在高中信息技术"编程控灯利出行"单元学习主题活动中，尽管一些学生能够完成"控灯"方案的设计，但他们在用编程验证算法和方案时存在较大的困难。这些课堂教学中反映出来的问题为教师的反思提供了着力点。

2. 收集问题证据

教师针对教学问题，收集、整理引发问题的相关资料和证据，包括师生教与学的行为、学生的学习成果以及课堂中的对话交流信息等。为能准确、全面地获取这些资料和信息，教学过程中可合理使用信息化手段记录和保存相关的反思资料。例如，在编程学习过程中，通过编程语言环境中的"调试模块"跟踪、记录学生编程过程中出现的问题，对问题进行统计、梳理，分析引发的原因，如探究学生对编程语言中的数据类型、语句结构、语法应用等内容掌握得不牢固的原因等。

3. 设计解决方法

在分析、总结和判断出问题成因的基础上，教师重新审视自己的教学观念，积极寻找新方法和新策略来解决所面临的问题。在这一阶段，教育理论与问题反思的结合有助于形成更好的方法和策略。例如，针对学生在学习算法的过程中表现出的基础知识与技能不牢固的问题，应在单元学习主题活动中有针对性地增加指导和练习环节。

4. 实践验证成果

将设计出来的解决问题的方法应用于教学实践中，通过实际教学和学生的课堂学习检验方法的应用效果。这个环节可以在原有教学班级中通过补偿性教学对存在的问题进行解决，也可以在新的班级教学中进行实践验证。例如，针对学生学习算法的困难，教师完善算法学习的微课程资源，支持学生进行补偿性学习。

综上所述，反思性教学改进重视教师在教学实践中发现教学问题和解决教学问题能力的培养，鼓励教师在行动研究中将真实问题、理论指导和实践验证进行多重整合与转化，指向教学系统自洽和循环改进，以反思性教学改进促进"教—学—评"的一致性，推动学生开展深度学习。近年来，随着信息技术在教学中的广泛应用，信息技术支持下的反思性教学改进成为一种重要的反思实践方式。

三、信息技术反思性教学改进：微课程的应用

1. 基于微课程的反思性教学改进

微课程是在新媒体环境下开发的一种"容量小""时间短""视频化""易传播"的在线课程。作为一种特殊的课程组织形式，它既应具有"微型化""数字化""网络化"的独特特征，也应体现课程的基本结构和学习的内在规律。微课程的设计与开发不仅要满足学习者利用碎片时间快速获取信息的需求，还应符合课程开发的内在规律，适应网络学习和移动学习的基本特征，以便学习者在获取学习信息的基础上有针对性地开展学习。在反思性教学改进中，教师在发现和分析教学问题的基础上，设计开发促进学习者进行补偿性学习的微课程。该课程在内容上是对原有课程资源的补充与完善，针对学习问题引导学习者学习，提高学习者的学习效率，在呈现形式上以在线方式传送与互动，学习者可以根据学习需求进行选择性学习，支持学习者的个性化学习，以帮助学习者在个人学习的基础上达成学习目标。

2. 促进反思性教学改进的微课程开发

在教学过程中，促进反思性教学改进的微课程开发主要包括问题反思、内容改进、资源归类和学习指导四个环节。

（1）问题反思。通过在线学习平台记录学生进行单元主题学习的过程，保存学生活动作品，分析学生活动过程中的数据，发现教学活动、教学资源、教学组织、学习效果等存在的问题，反思引发问题的原因以及教学中存在的不足，为教师设计和制作微课程提供依据。

（2）内容改进。在内容上，促进反思性教学改进的微课程属于对原有课程的完善、补充、加工和改造。微课程内容所指向的是原有的上课资源的进一步丰富与生成，包括课件、典型例题、课堂生成资源等。通过重新组合，对其进行二次开发，使这些资源围绕某个教学主题，在统整的基础上形成微视频课程设计。

（3）资源归类。微课程资源的合理分类可为学生快速找到所需学习内容提供支持。依据教学需求，依托在线技术对微课程进行多种方式的分类管理，如按学习主题进行微课程分类、按微课程创作时间分类、按学生对微课程浏览数量分类。通过资源的分类管理，可以帮助学生找到自己最需要的课程资源。

（4）学习指导。针对某个课时内容，通过整合课堂教学资源，以巩固、提高学生课堂学习的效果，激发学生进一步探究的兴趣，促进学生的深度学习。

3. 促进反思性教学改进的信息技术微课程案例

在教学实践中，深度学习项目组结合高中信息技术学科算法部分，以"寻找'水仙花数'"为例开展了教学。教学结束后，根据师生课堂互动情况，结合课堂知识检测的分析，对这节课进行了教学反思，制作促进反思性教学改进微课程。案例设计与实施的考虑如下。

（1）反思教学问题，完善教学内容。

在课堂教学中，部分学生在"探究"环节用时比预设的多，主要原因在于学生在分解三位正整数中的个位数、十位数、百位数时，对于精确的表达式描述掌握得不够熟练。针对学生的课堂学习问题，促进反思性教学改进微课程中设计了有关三位正整数的个位数、十位数、百位数如何表达的微课程，以帮助学生解决课堂学习中的"迷思"。学生在应用算法表示的过程中，在对循环结构的表示上遇到了较大困难。因此，在促进反思性教学改进微课程中，教师对循环结构的内容进行了回顾、总结和归纳，帮助学生巩固或进一步学习这些内容。为促进学生对算法优化思想的进一步理解，促进反思性教学改进微课程设计了拓展性学习活动，引导学生进一步思考所设计的算法是否还可以再优化，对学有余力的同学来说，可以进一步探究和深入思考相关的活动。

（2）依据反思问题，制作学生学习微视频。

在教学反思基础上，按照反思问题设计该微课程的视频脚本（如表2-7-1所示）。依据微视频脚本录制微视频，从难点解疑、巩固补偿、算法优化探究方面为学生提供进一步的学习内容。

表2-7-1 《寻找"水仙花数"》微课程视频交互列表

序号	时间线	主要内容	设计意图
1	00′04″	视频标题	点明主题要点
2	01′14″	重申"水仙花数"的概念，举例说明"进位计数制"，按位权展开	难点解疑
3	02′41″	循环语句结构的梳理	巩固补偿
4	04′50″	引导学生尝试修改课堂上编写的程序代码，以简化算法执行的次数	算法优化探究
5	05′00″	制作人员及版权信息	

（3）归类微课程资源，为学生提供指导。

整理反思性教学问题、微视频和学习要求等资源，创建微课程，将微课程加入促进反思性教学改进资源库，发布于网上，按照主题类别、创作时间、学生浏览量等进行排序，支持学生利用微课程进一步开展学习。

促进反思性教学改进的微课程，打破了传统教与学的时空，创设了相对宽松的教学情境，借助智能终端设备和移动网络，为学生提供了再次学习的机会。通过改进后的在线微课程，可以帮助学生开展深度学习，对课堂问题进行深入探究，促进高阶思维的发展。

第三章

高中信息技术深度学习的教学关键问题与对策

《普通高中信息技术课程标准（2017 年版 2020 年修订）》要求课程内容紧扣数据、算法、信息系统、信息社会等学科大概念，结合信息技术变革的前沿知识与国际信息技术教育发展趋势，调整和优化了信息技术课程内容模块，将算法与程序实现、物联网、大数据、人工智能等与学生数字化学习、生活紧密联系的新技术、新工具融合到课程内容中，提高其前瞻性。全新课程内容的组织与设计对信息技术教师的教学提出了新挑战。

第一节　如何基于编程落实计算思维教育

计算思维作为高中信息技术学科核心素养的一要素，指的是个体运用计算机科学领域的思想方法，在形成问题解决方案的过程中产生的一系列思维活动。计算思维的提出推进了中小学信息技术教育从强调技术工具的操作向学科思维教育发展，有助于学生应用信息技术学科思维方法、解决信息活动中的问题，从而更自信地在数字化环境中生活和学习。

一、计算思维教育中的问题分析

计算思维反映的是学生在信息活动中能够采用计算机可以处理的方式界定问题、抽象特征、建立结构模型、合理组织数据。计算思维教育需要围绕"人们如何发展与应用计算思维解决问题"展开，帮助学习者用计算思维理解人与信息社会的关系、解决生存于数字化环境中的常见问题。例如，具有计算思维的餐馆经营者，能合理利用信息化环境（如用户通过 APP 点餐）收集、分析、呈现顾客点餐过程中留下的大量数据，依据数据分析结果，预测不同时间段用餐人数以及对菜品的喜好情况，以此合理安排服务人员、科学采购原材料等。但是在教学实践中，一些教学活动忽略了学生应用计算思维解决问题所需经历的"抽象化、模型化、自动化、系统化"过程，只是围绕程序设计语言开展教学，强调程序设计语言中常量、变量、数据类型、运算符和表达式等知识的学习，要求学生重复练习语句结构，甚至大量记忆第三方数据库中的函数及参数，将计算思维教育简化为"编程练习"。事实上，脱离活动情境和学生的思维过程，碎片化、机械式的程序技能操练，不仅不能帮助学生形成终身受用的计算思维，还会因为枯燥的代码练习而让学生失去对信息技术的学习兴趣，甚至走上早期中小学 BASIC 语言学习的弯路①。通过调研高中信息技术教育，计算思维教育主要存在以下问题。

1. 将"计算思维教育"简化为"编程练习"

过于强调计算思维的知识与技能部分，将高中信息技术学科核心素养之间的内容割裂开看，忽视从培养整体"人"的层面思考计算思维的综合素养特征。在教学中表现为将"计算思维教育"等同于"编程练习"，缺少引导学生在经历问题解决全过程中去体验和理解本学科独特的解决问题的方法，错误地认为只要是编程学习就是培养学生的计算思维。

2. 过分重视程序语法的教学

把教学重点放在程序设计语言上，过分强调语言语法的学习，将算法与程序实现割裂开来，忽视计算思维"界定问题、抽象特征、建立结构模型、合理组织数据、运用合理的算法形成解决问题方案"一体化的过程与方法。在教学中表现为过分重视程序的代码操练，侧重于语句结构的训练和巩固，过分强调代码的编写，而忽视算法和解决问题方案的设计，导致学生遇到不同的学习情境时，难以将习得的编程知识与技能进行迁移。

---

① 陈琦，王本中．中学计算机教育的回顾与展望［C］//全国计算机教研中心．全国中小学计算机教育资料汇编．北京：电子工业出版社，1991：297.

3. 忽略情境设置和问题引领

在教学中，过分关注知识点的讲解，而忽视了问题的分析、解决思路的形成以及实现过程。在问题的设计上，会围绕知识点设计一些浅层的问题（例如，忽视主题情境的设置，没有完整的"问题链"引导学习，学生的学习结果单一化、浅层化，没有高阶思维能力的训练活动，从而无法达到深度学习的效果）。

4. 教学的难度把握不当

对信息技术课程标准中给出的学业质量水平的解读出现偏差，教学中出现"偏难"或"过于强调记忆性的内容"。有些教师错误地认为信息技术教学内容越难、编程内容越复杂越有利于培养学生的计算思维。在教学过程中过于强调编程，要求学生对程序设计语言中的变量、表达式、函数、参数等进行记忆，甚至认为学生对程序设计语言中的函数记住得越多越好，而忽视引导学生用计算机学科方法解决问题能力的培养。

二、计算思维教育的方法与策略

计算思维教育强调学生信息化认知方式的发展，该认知方式既具有技术的元科学（meta-science）性特征，如形式化、模型化、自动化、系统化等，同时也会随着技术的发展和情境的变化不断地调整个体的认知心理模型。可见，计算思维教育并不是单纯的程序设计教育，更不是回到以前的计算机语言学习，它强调的是应用信息技术解决问题方法的掌握、认知思维的发展和人机互动的理解，其内容贴近学生的生活与学习，在真实体验与实践应用中发展学生利用信息技术思考与解决问题的独特能力。

1. 计算思维的培养是多位一体的

计算思维的培养并非简单的代码学习、编程操作，而是需要将目标上升到意识层面、思维层面、创新层面与责任层面。要进一步发展学生应用计算机面对问题、发现问题、解决问题的综合能力。要培养学生解决全新问题的思维方式，将计算思维看作培养学生解决问题所需的系统方法，让学生思考信息技术改变了我们生活、工作和学习的方方面面。培养学生从数据层面理解信息、应用信息，把握数据、算法、信息系统与信息社会的相互关系。真正培养学生从一个技术的消费者转变成技术的创新者，综合提升人工智能时代我国的人才竞争力。①

2. 通过单元主题活动培养计算思维

深度学习的教学实践模型中有四个核心要素，分别是素养导向的学习目标、引领性学习主题、挑战性学习任务以及持续性学习评价。以"算法与程序实现"为例，可以设计符合学生特点的学习主题，通过"确定任务需求""设计问题解决算法""编程实现算法""运行和调试程序、反思问题解决过程"四个环节，引导学生在经历挑战性学习任务活动的过程中，将零碎的知识整合成结构化的知识框架，将问题解决与编程学习结合起来，以此发展计算思维。

（1）素养导向，主题引领。

在《普通高中信息技术课程标准（2017 年版 2020 年修订）》的引领下，教学目标的设计由原来的知识技能目标向素养目标转变。如果在教学中，将学习目标的落点放在知识和技能上，学习的侧重点就会在"识记"等浅层目标上，即使学生能够记住一些术语，也无法理解知识的意义，在学生需要利用知识和技能解决问题的时候，很难将知识技能提取出来。深度学习理论强调"学习单元"是整体落实核心素养的基本学习单位，引领性学习主题作为学习单元核心内容实施的价值提炼，与真实世界的学生基础和兴趣相联系，可见，在真实的学习情境中，学生能更好地体会知识的意义，提高利用知识和技能解决

---

① 熊璋，杨晓哲. 编程热引发思考：专家推动信息素养教育刻不容缓［BE/OL］.（2019-05-08）［2022-06-29］. http://edu.people.com.cn/n1/2019/0508/c1006-31073827.html.

问题的能力。教师围绕学习主题把课程内容组织起来开展教学，知识不再是零散的，不再是每一节课的累加，而是形成结构化的知识网络，能够促进学生对知识的全面理解和掌握，有助于问题解决，落实学科核心素养。因此，在教学中，教师应设计符合学生认知和特点的学习主题，创设真实的学习情境，让学生基于情境中的若干问题开展学习，真正地解决问题，达成素养导向的学习目标的要求。

（2）设计任务，搭建支架。

计算思维的培养是一个长期过程，是学生在一系列挑战性学习任务中逐步得以落实的。一组彼此关联的、结构化的、有逻辑的学习任务为学生进行需求分析、界定问题、抽象特征、建立结构模型，运用合理的算法形成解决问题的方案提供了学习机会，学生可以在体验应用计算思维完成挑战性学习任务的过程中逐步发展计算思维。在单元学习过程中，学生的探究活动是在教师指导下进行的。因此，在挑战性的学习活动设计中，可以根据学生情况设计好相应的学习支架，引导学生应用计算思维开展探究，形成问题解决方案。

（3）组织实施，编程验证。

计算是执行一个算法的过程，该过程既表现出数据分析的方法，也折射了内在思想与发现的动力。[1] 当今程序驱动的数字化工具渗透到人们生活的方方面面，其隐含的计算方法潜移默化地嵌入人们利用技术工具解决问题的过程之中。"程序理解力"像桥梁一样打通了"计算机学习"与"计算思维发展"的通道。[2] 在单元主题学习活动中，学生在学习支架帮助下设计算法，确定问题解决方案后，还要应用程序设计语言对算法进行验证，实施方案，并对验证和方案实施结果进行反思，进一步完善问题解决方案。

（4）创设环境，持续评价。

---

① 陈国良，董荣胜.计算思维的表述体系［J］.中国大学教学，2013（12）：22-26.

② UK Department of Education. Computing A CPD Toolkit for Secondary Teachers［S］. Crown Copyright, 2015：18.

信息技术的发展为学生计算思维发展提供了新的学习平台和空间，教学过程中可以利用信息技术设置辅助学生学习的开放性教学环境（如，在线协作编程解决问题），提供学生需要的相应的学习资源（如微课程资源），支撑学生自主探究、协作解决问题和个性化学习；可以建立一套完善合理的持续性评价体系，激励学生不断探索，挑战自我，不断地跨越"最近发展区"。在这个过程中，教师不仅要关注学生的学习结果，更要关注学生的学习过程，尤其是在学习过程中不怕困难、勇于挑战的精神品质。

三、计算思维教育实施案例

根据深度学习的相关理论，结合高中信息技术课程标准中的学习要求，教师可以通过单元教学更好地落实计算思维的培养。在必修 1 的"算法与程序设计"部分，基于以上计算思维教育的方法和策略，设计基于深度学习的学习单元，如通过"智能停车场的设计与开发"学习单元发展学生的计算思维。

1. 素养导向，主题引领

在设计素养导向的学习目标和引领性学习主题时，要突出问题情境设计，强调真实性、层次性，符合学生的认知特点，可以从不同的维度设计任务。在"智能停车场的设计与开发"学习单元中，按照管理者分析问题的角度，从生活中的"停车难"这一问题出发，通过算法与程序设计帮助驾驶员快速找到空闲车位，避免因盲目寻找车位导致车辆堵塞。根据学生的实际情况，教师引导学生分析停车问题（如图 3-1-1 所示），设计停车环境示意图。在给定的抽象模型中，学生需要通过调查问卷了解影响推荐车位的关键因素及其权重，设计推荐车位的算法，编程计算出推荐车位的编号。在一系列问题的解决过程中，学生学习应用信息技术解决问题的方法，针对问题设计并形成方案，通过编程验证方案，调试程序并优化方案，逐步发展计算思维。

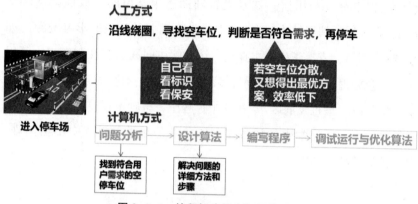

图 3-1-1　编程解决停车问题的过程

"智能停车场的设计与开发"学习主题的主要确定依据是课程标准"数据与计算"模块内容要求的 1.6 和 1.7 条目，整合了算法与程序设计的内容，使用程序设计语言实现简单算法，体验计算机编程解决问题的全过程。为了让学生进一步理解问题情境和任务需求，教师还设计了相关的动画视频，增加了课程的趣味性，激发学生的探究兴趣。通过对学习问题和学习情境的分析，教师界定了以下单元学习目标。

（1）小组合作，通过分析"停车难"的现实问题设计问卷，根据问卷调查的结果得出影响智能停车场推荐车位的因素及其权重。

（2）理解算法的三种结构，能够根据影响推荐车位的因素及其权重，设计算法计算指定车位的推荐值。

（3）通过小组合作，综合运用算法的三种基本程序结构编写程序，编程求解出当前的推荐车位。能够处理简单的程序错误，反思程序解决问题的过程，体会不断优化程序的过程。

（4）选择合适的数字化学习工具，撰写项目报告，描述项目设计和实现的过程与依据，能反思解决方案的不足，提出优化方法，分享学习过程中的收获和体会。

2. 设计任务，搭建支架

深度学习要求设计挑战性的学习任务，学习任务设计是单元学习过程设计中的关键点。在"智能停车场的设计与开发"学习单元中，课时学习任务可以围绕"算法和程序实现"的知识结构和"智能停车场"的问题解决两条主线进行综合设计，按照"问题分析、设计算法、编写程序、调试运行与优化算法"的过程逐步引导学生形成解决问题的方案并编程实现。

在问题分析环节，学生调查停车场中停车管理的问题，通过对停车场管理人员访谈进行需求分析，在数据统计和需求分析的基础上，抽象出智能停车场的数据处理模型。

在设计算法环节，学生在问题分析的基础上，分析解决问题的主要影响因素，设计解决问题的步骤，完成智能停车场的算法，采用流程图的方式对算法进行描述。

在编写程序环节，选择一种计算机程序设计语言，运用程序设计语言的数据类型、表达式、三种基本语句结构等知识编写程序、验证算法。

在调试运行与优化算法环节，在验证和调试程序的过程中，对设计的算法和程序进行反思、完善，进一步优化算法。

在完成一系列挑战性学习任务的过程中，教师提供了相应的学习支架和学习资源。例如，通过智能停车场辅助教学系统，帮助学生进一步分析问题、明确任务；通过数据分析过程图表以及算法流程图，帮助学生抽象出数据模型、表示算法等。每一课时的目标和任务如表3-1-1所示。

表 3-1-1　"智能停车场的设计与开发"活动过程设计

环节	课时	学习目标	学习任务	学习资源
问题分析	第 1 课时	1. 通过分析停车场中"停车难"的现实问题，明确"智能停车场"的优化需求，了解计算机解决问题的一般过程。 2. 小组合作，分析"停车难"调研问题，完成调查问卷的设计。	1. 浏览有关停车场的资料（课件、视频），明确项目学习主题。 2. 小组分工，针对"影响推荐车位的因素"设计调查问卷，课后完成调查，获取调研数据。	学案、问卷设计说明（影响推荐车位的因素及其权重）、智能停车场辅助教学系统。
设计算法	第 2 课时	1. 通过对小组问卷调查的数据分析，能够得出影响推荐车位的因素及其权重。 2. 理解算法的概念和表示方法，能够用自然语言描述"智能停车场推荐车位"算法。	1. 对问卷结果进行分析和评价，得出结论。（确定影响推荐车位的因素及其权重） 2. 小组讨论，设计"智能停车场"算法并用自然语言描述。	数据分析模板、算法模板。
编写程序	第 3~4 课时	1. 掌握 Python 的变量表示方法和 print( ) 语句的使用方法。 2. 能够在抽象模型中利用 Python 表示停车位及其变化情况。 3. 理解顺序结构，能编写程序实现输入及输出车位数据。	1. 分析"智能停车场"中的数据，并用 Python 表示。 2. 按要求用 list 列表表示车位并利用 print( ) 函数进行输出。 3. 调试并保存程序。	有关 Python 常见变量的学习材料。

续表

环节	课时	学习目标	学习任务	学习资源
编写程序	第5~6课时	1. 理解分支结构。 2. 能够用流程图表示"左右是否有车"的分支结构算法。 3. 能够用 Python 实现"左右是否有车"的计算和输出推荐值。	1. 完善"左右是否有车"的推荐值分支结构的流程图。 2. 用 Python 实现根据"左右是否有车"的情况计算和输出推荐值。 3. 分析智能停车场中其他的情况，并利用程序实现。	有关流程图的学习材料。有关 Python 的分支结构的语法学案。
	第7~9课时	1. 理解循环结构。 2. 掌握 for 循环和 while 循环的使用方法。 3. 能够使用循环结构实现推荐值的计算和输出。	1. 完善循环结构的流程图并展示。 2. 用循环结构对每一个车位进行推荐值的计算和输出。 3. 分析智能停车场中的其他循环结构，并编写程序实现。	流程图的相关学习材料、有关 Python 的循环结构的语法学案。
调试运行与优化算法	第10~11课时	1. 小组合作，能够在调试程序的过程中不断完善和优化算法与程序。 2. 通过撰写学习报告，反思解决问题的全过程，培养利用算法和程序解决问题并不断优化算法的能力。	1. 小组讨论，完成并调试程序，实现应用程序推荐车位的功能。 2. 完成项目报告，评估已完成的程序，提出算法进一步优化方案。	有关项目的学习材料、报告模板。
展示交流	第12课时	1. 通过项目展示、交流和评价活动，能够从算法和程序实现的角度客观地评价作品的完整性和科学性。 2. 能够反思算法与程序的不足，进一步优化算法和程序。	完善项目报告，分小组进行汇报、交流及评价。	报告模板、评价量表。

从表 3-1-1 中可以看出，通过一系列的任务群，将结构化的知识体系融入教学和任务活动当中，通过"分析问题、设计算法、编写程序、调试运行与优化算法"等环节，逐步解决问题，体验计算机解决问题的全过程，在优化总结、展示交流的过程中，发现小组算法或程序的不足，不断优化。通过一系列的任务和活动，培养学生的计算思维。

3. 组织实施，编程验证

主题任务通常由小组合作共同完成学习。在面向一个复杂的任务时，教师需引导学生通过分析问题，初步形成解决问题的方案，再通过编程去实现，并在编程的过程中不断反思和优化算法，最终验证算法的正确性。

在"智能停车场的设计与开发"学习单元中，学生需要用 Python 编程语言来完成推荐车位的编号计算。在编程过程中，学生要对算法的顺序结构、分支结构和循环结构的程序实现有一定的知识基础，还需要通过程序的运行结果来反思算法是否合理、是否可以进一步优化。同时，在小组汇报的模板中，也设计了反思、优化的环节，引导学生描述编程验证的过程，反思解决方案的不足之处，进一步优化算法和程序。

4. 创设环境，持续评价

在单元学习过程中，学生要完成的任务就是给用户推荐目前停车场中存在的最优车位。由于学生小组调查对象的差异，得到的影响推荐车位的因素及其权值会发生变化，最终抽象出来的数据模型也会有所不同。也就是说，每个小组设计的算法和程序可能是有差异的，学生在完成任务的过程中，也会有不同的收获和反思。教师要关注到每个小组的差异性和创新性，让学生在合适的学习环境中开展探究活动，并对学习活动进行过程性评价。

为支持"智能停车场的设计与开发"单元学习的开展，利用在线教学平台创建了智能停车场辅助教学系统，该系统会通过动画的形式将学习情境进行很好的展示，帮助学生理解学习任务，并提供学生练习的接口，学生可以在系统中直接编写代码，动画会呈现相应的停车位情况。该学习单元的教学主要采用小组合作学习形式，教师要关注各小组的分工及进度，利用过程性评价激励学生。在主题任务中，有问卷调查及数据分析、算法和程序设计、小组展示交流等多种形式的活动，能够满足学生的特长及个性化发展的需要。

四、计算思维教育实施注意事项

计算思维的培养并非一朝一夕就可以完成，而是需要渗透在每一个单元、每一个课时、每一个任务甚至每一个问题里面。教师在设计的时候要有大局观，注意问题的引导、问题链的推进、任务群的设计和操作、课时之间的递进等。学习单元设计要注重计算思维的培养，持续性学习评价要注重素养的考核，评价结果的应用要突出对学生个性化学习的指导功能。

1. 注重引导学生体验计算思维解决问题的全过程

计算思维是指个体运用计算机科学领域的思想方法，在形成问题解决方案的过程中产生的一系列思维活动。在问题解决视角下，利用计算思维解决问题的步骤主要包括：确定问题或者需求，分析和分解问题；对问题进行抽象；进行算法设计；算法实现与优化评估；概括与迁移解决同类别的问题等。因此，设计计算思维教育的学习单元时，就需要将相应的体验活动融入挑战性活动任务之中，让学生有机会体验用计算思维解决问题的全过程。

2. 注重素养的考核，以持续性评价促进学生计算思维的提高

《普通高中信息技术课程标准（2017年版2020年修订）》在评价建议中也提出，要根据不同的评价目的和要求，从知识、能力、情感

等方面采用多种方式开展评价，全面衡量学生的学习状况。因此，计算思维教育作为学生知识学习、能力提升、情感发展的综合体，评价过程中应避免将计算思维评价简化为"编程测试题"，或只是采用单一的测试考核学生读程序，修改语句、分析和判断运行结果等内容。更应注重通过创设问题情境，在了解、理解、探究、运用等不同认知能力层次上对学生进行全面的考核，以综合性、挑战性的活动任务加强对计算思维不同表现维度的整体评价，让学生在开展主题任务活动过程中展现出对计算概念、计算实践和计算观念的理解，为学生提供计算思维发展的整体性评价报告，促进学生应用计算思维解决问题能力的提高。

3. 关注学生学习差异，加强个性化学习的指导功能

当前中小学计算思维评价结果主要用于区域性学业成就比较、学习问题分析、教学方法改进和教学工具优化等方面。[①] 例如，有的通过联合测试的方式，比较区域性学生计算思维学业成就，加强计算思维教育的区域性交流；有的通过可视化编程机器人环境与不插电编程环境组织学生开展学习，评价学生的计算思维发展状况，验证不同教学环境对学生计算思维发展的效能。但是，从学生发展来看，计算思维评价的根本目的还是要促进学生计算思维的发展，达成素养导向的学习目标。因此，在评价应用方面，还需进一步加强计算思维评价促进学习的功能，一方面围绕计算思维教育目标分析学生的学习结果达成度，利用技术工具将诊断结果及时反馈给师生；另一方面借助智能化分析工具跟踪、刻画学生个人的计算思维发展模式，在学生原有学习基础上进行个性化指导，通过学生学习成果的持续性增值达成学习目标，提高计算思维教育的质量。

---

① 李锋，程亮，顾小清. 计算思维学业评价的内容构建与方法设计：文献比较研究的视角［J］. 中国远程教育，2022（2）：65-75，77.

第二节　如何开展大数据教学

无论是现在还是未来，大数据都具有举足轻重的作用。用数据说话，不仅仅是因为数据的客观特征，更是因为全样本的数据往往能够让我们看得更全面，大数据分析让我们看清纷繁复杂现象背后的内在逻辑。《普通高中信息技术课程标准（2017 年版 2020 年修订）》强调学生要能针对数据（包括大数据）在信息社会中的重要价值，分析数据与信息的关系，强调数据处理的基本方法与技能，并将大数据学习贯穿在必修、选择性必修和选修各个模块。此外，在高中信息技术教材中也融入了大数据的概念、特征、处理的一般过程以及应用等方面的内容。大数据作为信息技术课程中一项全新的教学内容，对教师的教学提出了新要求。

一、大数据教学的困境及原因分析

大数据作为信息社会的一项重要资源已受到充分关注，在数据公开、数据交换、数据共享和数据利用已成大势所趋时，每个社会公民都应形成基于数据思考问题、解决问题、做出决策的思维方式，掌握获取数据、分析数据、运用数据分析结果解决问题的基本技能，在这样的过程中形成遵守法律和尊重伦理道德的素养。[①] 面向全体学生开展大数据教育，提高学生的数据意识已成为大家的共识。但是，大数据作为信息技术课程的前沿性知识，许多教师以前对此类内容接触较少，在教学中也出现了内涵把握不准确、教学内容不严谨、教学方法不规范等问题。

---

① 熊璋，李锋. 信息时代·信息素养［M］. 北京：人民教育出版社，2019：7.

1. 对大数据的基本内涵解读不够全面

数据是现实世界客观事物的符号记录，是信息的载体，是计算机加工的对象，包括图形、图像、视频、音频、文本等数值性和非数值性符号。大数据是以容量大、类型多、存取速度快、应用价值高为主要特征的数据集合。从"数据"到"大数据"教育，不仅是概念表述上的不同，也反映在大数据的产生和处理上的不同。例如，网络快速发展使得数据的总量得以爆发性增强；数据来源的多样性决定了大数据形式的多样性，产生了结构化数据、半结构化数据、非结构化数据；数据之间的关联性为事物发展趋势预测提供支持；实时的数据处理为智能化环境建设创造了条件等。由于大数据是一个全新的概念，在教学实践中很多师生还没有深度厘清大数据的产生方式、基本特征、应用价值，对于大数据的基本内涵解读不够全面，大多还只是从数据量大的方面单纯讲解大数据，或是从各种不同的数据种类来分析大数据，导致在对大数据的认识、处理、应用等的教学上存在一定偏差。

2. 对大数据的应用价值理解不够系统

随着数据来源的多样化，大数据的类型也更加复杂，大数据的应用价值是从海量庞杂的数据中挖掘出有价值的信息，从而运用于管理、农业、金融、医疗和教育等各个领域，为社会发展服务。在开展大数据教学实践的过程中，比较多的师生对于大数据应用价值的理解没能有效落实到对社会发展服务变革的影响上，只是从数据分析的某项应用方法功能或某些工具技术进行学习，没有建立从数据到信息，再到知识，从而上升到智慧的大数据观，学生对于大数据的应用价值缺乏系统性理解。

3. 大数据的教学流程不够规范

大数据的教学流程应回归数据本位，在认识大数据后，聚焦数据的处理与应用，理解数据与信息、知识、智慧之间的转变关系，从大数据的采集、整理、分析、可视化表达、分析报告来完成基本的教学流程，形成大数据教学的常规方法。然而，一些大数据处理与应用的教学案例中，师生已经习惯用单一类型数据或平台本身的结构化数据作为教学内容，而对于一些实时、非结构化数据的教学流程应用不够规范。例如，对于应用"网络爬虫"实时获取数据的教学来说，一些教学活动只是停留于如何应用"网络爬虫"（即应用"网络爬虫"的基本技巧），而对于获取网络数据过程中需要遵守的规则、数据安全应用的责任，以及对获取不同数据类型处理的方法等都还缺少规范性的教学指导。

4. 大数据的融合平台不够创新

对于师生来说，目前可以直接利用或体验的大数据平台及数据资源比较缺乏。由于信息技术教学资源的有限性和大数据平台本身的复杂性，很多师生在开展大数据教学时往往运用现有的资源或是改造后的平台进行，还不能依据教学需要在大数据平台上开展创造性教学。例如，教学中只是让学生登录到某些大数据平台进行体验，或是直接利用 Python 等数据挖掘和分析软件工具进行部分环节的教学，没有站在数据实时处理、智能化环境形成、大数据对社会发展的影响等方面的高度上去探究大数据教学，缺乏大数据教学需求与大数据资源的融合创新，没有达到深度学习的教学效果。

二、大数据教学的策略分析

网络和通信技术的发展使得数据量迅猛增长，大数据无处不在。交通大数据可以帮助司机选择最优路线，旅游大数据可以帮助管理者高效管理景区秩序，购物大数据可以支持商家精准服务顾客。通过大数据，人们可以比较精准地理解现状，预测未来趋势，做出决策，采取合理的应对策略。因此，在大数据教学过程中，可以通过这些真实大数据场景引导学生正确认识和理解大数据，帮助学生利用真实的大数据资源解决现实问题，提高数据采集、分析和应用的能力。

（一）落实素养导向的学习目标

1. 深刻把握大数据的基本理念

《普通高中信息技术课程标准（2017 年版 2020 年修订）》的课程内容从关注工具特性回归到关注信息技术学科本位，强调信息处理中的科学性的特征，关注数据、信息、知识、智慧的提升与转变，引导学生学会在数据与大数据中挖掘信息的价值，促进知识与智慧的建构与内化。同时强调要通过数据与计算的学习，使学生认识到数据（包括大数据）在信息社会中的重要价值，合理处理与应用数据，分析数据与信息的关系，强调数据处理的基本方法与技能，发展学生利用信息技术解决问题的能力。因此，教师在大数据的教学中，要深刻把握大数据的基本内涵，明确大数据处理与应用的意义，从大数据处理与应用中提升数据的应用功能，从数字化、网络化和智能化的视角理解大数据的产生过程和其对社会发展的影响，分析大数据的产生、特征、应用、意义，形成对大数据整体观的把握。

2. 设计素养导向的学习目标

大数据教学主要对应必修 1 "数据与计算"模块中的"数据处理与应用"和选择性必修 3 "数据管理与分析"模块中有关"数据分析"的教学内容。这里选取的是必修 1 中的"数据处理与应用"内容，主要是通过单元主题项目数据的分析和可视化表达来开展大数据教学，以大数据基础为出发点，选用数据分析软件，让学生经历大数据的规划、采集、分析、可视化表达、数据分析报告的学习过程，通过不同的探究学习任务来回答数据与大数据是什么（现状）、为什么（原因）、会怎样（预测）等问题。

在界定学习目标中，结合学科核心素养的表现，分析学生理解和应用大概念时需要思考的问题，确定完成单元学习后应该达成的所知、所能和所成，形成单元学习目标体系。例如，界定"数据处理与应用"的单元学习目标时，立足"数据与大数据"概念①，通过"学科核心素养—课程标准的内容要求—大概念—概念群—单元学习目标"一致性地实现单元学习目标的界定。

（二）选择以真实情境引领的大数据学习主题

在开展大数据教学时，我们可以创设学生身边遇到的真实情境，从大数据处理的意义出发。如前文所述，交通大数据可以帮助司机选择最优路线、旅游大数据可以帮助管理者高效管理景区秩序、空气质量大数据可以帮助我们关注空气变化进而做出决策、购物大数据可以支持商家精准服务顾客。通过大数据，人们可以比较精准地理解现状，预测未来趋势，从而采取应对策略。因此，在实施深度学习的大数据教学过程中，要学会合理地创设任务情境，如"共享单车大数据助出行""旅行大数据的分析和可视化表达""城市气象大数据的分析""城市空气质量数据的分析和可视化表达"等，从真实情境、从学生需求和经验出发，激发学生学习，引导学生正确认识和理解大数据，体验在信息时代应用大数据解决问题的重要性，掌握利用大数据资源解决现实问题的方法和策略，提高数据采集、整理、分析和应用的能力。

（三）坚持问题导向的学习任务设计

学科核心素养的培育并不是通过学科知识技能直接传递来达成的，而是在真实情境中借助问题探索逐步养成的。为促进单元内容的深度学习，就需要坚持以问题为导向，设计挑战性学习任务。"问题"作为引发学生认知冲突、联结既有认知结构与新知识技能的"节点"，为学生提供了探究、协作与创新活动的机会。问题与问题组成的"问题链"

---

① 为与高中信息技术课程标准第12页保持一致，案例中"数据"的含义均包括大数据之义。

可以更好地支持学生逐步深入学习。因此，以问题为导向的任务设计一方面能够明确学习的方向，另一方面通过问题的关联可以保持任务活动的递进性。在明确单元学习目标与主题后，单元活动可以依据单元学习目标建立问题链，设计挑战性学习任务，搭建学习支架。例如，表3-2-1是对"数据处理与应用"单元中"共享单车大数据助出行"挑战性学习任务的设计。

表3-2-1　"共享单车大数据助出行"挑战性学习任务

问题链	挑战性学习任务	学习支架
• 需要获取哪些类型的共享单车数据？ • 如何获取这些数据？ • 如何分析共享单车应用数据？	任务1：采集与分析不同区域共享单车应用的数据。	利用网络平台采集数据的过程与方法； 整理、分析所采集数据的过程与方法。
• 进行数据分析后获得了怎样的结果？ • 如何呈现数据分析结果？	任务2：针对数据分析结果，提出区域共享单车管理建议。	数据可视化的四种表示案例。
• 如何依据数据分析结果提出建议、完成报告？	任务3：完成区域共享单车效能分析报告。	数据分析报告模板。

（四）开展持续性大数据学习评价

在指向深度学习的大数据教学中，围绕学科核心素养，根据学习目标分析大数据教学评价的要素与成分，细化主题探究过程和活动成果，把握主题单元教学实施过程学生学习结果的表现形式，进而确定持续性学习评价的证据。借助一系列问题设计持续性学习评价。例如，什么样的证据能表明学生可以根据解决问题的需要设计数据处理的方案？什么样的表现能表明学生具备了数据采集、分析和可视化的能力？什么评价指标能表明学生的数据分析报告是合理和有意义的？

（五）选用专业的数据探究方法与工具

从学情分析来看，学生在初中阶段已经学习过运用电子表格软件分析数据，具有一定的数据分析基础。高中生则可在此基础上利用Python工具开展数据处理的探究，体验大数据分析的过程与方法。利用Python工具进行数据整理与分析，支持学生在数据采集的基础上开展数据的整理、分析、可视化表达，完成数据分析报告，体现信息技术课程标准中要求选用恰当的软件工具或平台处理数据（包括大数据）进行整理、组织、计算与呈现的相关内容。

三、解决的过程与案例

指向深度学习的大数据教学中，围绕学科核心素养，按照课程标准中的内容要求，设计"城市空气质量数据的分析和可视化表达"这一引领性学习主题，基于主题帮助学生认识大数据，体验大数据采集过程与方法，学会大数据分析的作用和方法，探究大数据的可视化，以分析报告的撰写为主线来分析大数据教学的具体实施过程。

（一）设计引领性学习主题

本单元选自高中信息技术必修1"数据与计算"模块中的"数据处理与应用"部分。《普通高中信息技术课程标准（2017年版2020年修订）》对本单元的内容要求是通过典型的应用案例，了解数据采集、分析和可视化表达的基本方法。根据任务需求，选用恰当的软件工具或平台处理数据，完成分析报告，理解对数据进行保护的意义。"城市空气质量数据的分析和可视化表达"案例的教学实施以数据和大数据基础为出发点，选用Python数据专业挖掘分析软件，让学生经历大数据的学习过程。案例分析了城市空气质量数据的如何（现状）、为什么（原因）、会怎样（预测），以挖掘数据背后价值为知识目标，以形成从数据到信息，再到知识，最后上升到智慧的层次模型为思维目标，提升学生界定问题、分解任务、设计算法、自动化实现和优化迁移等应用计算机科学领域方法解决问题的能力，教学设计将活动主线与信息技术学科核心素养主线融合为一体。

（二）界定素养导向的学习目标

案例"城市空气质量数据的分析和可视化表达"围绕学科核心素养，根据高中信息技术课程标准中"数据与计算"模块的内容要求，确定本单元学习目标与学科核心素养的对应关系如图 3-2-1 所示。

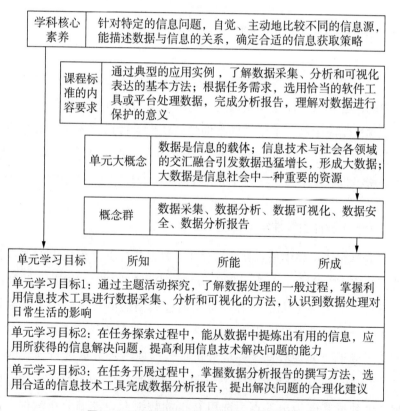

图 3-2-1　素养导向的单元学习目标的界定

（三）设计挑战性学习任务

单元学习规划

分析单元学习主题，依据学习目标产生学科的基本问题，将问题情境化，形成问题链，明确每个问题对应的挑战性学习任务，引导学生在完成任务的过程中提高应用学科方法解决问题的能力。按照"数据采集、数据整理、数据分析、数据可视化和数据分析报告"的过程逐步引导学生形成城市空气质量数据分析和可视化表达的方案，并应用信息技术实现该方案。

数据采集。该环节主要解决的问题是城市空气质量数据从哪里来，以及可以怎样获取。通过采集城市空气质量数据，引导学生探索在线数据采集的方法和工具，并进一步了解利用传感设备采集数据的方法。

数据整理。该环节主要解决的问题是如何提高所采集数据的质量，以及怎样处理无效数据。利用查重、补漏、勘误等方法对城市空气质量数据进行整理，删除重复数据、补全缺失数据、校正错误数据，完成对数据的统一性和标准化处理。

数据分析。该环节主要解决的问题是如何从数据中获取有价值的信息。选用恰当的数据分析方法（如对比分析、交叉分析等）和工具对城市空气质量数据进行处理，提取有用信息，为所提建议提供证据。

数据可视化。该环节主要解决的问题是如何形象、直观地表达出数据及数据分析结果，揭示数据之间的关系、趋势和规律，引导学生利用信息技术工具，按照数据分析结果采用适合的方式呈现可视化数据，如图表、词云等。

数据分析报告。该环节主要解决的问题是如何有理有据、清晰地反映数据分析结果，提出相应的建议，通过数据分析报告将分析结果、可行性建议及其他有价值的信息传递给使用者。

在引导学生完成一系列挑战性学习任务的过程中，教师需根据学习任务开展的需求情况，提供支持性的学习资源，帮助学生完成学习任务，达成学习目标。每一课时的学习目标、学习任务和学习资源如表 3-2-2 所示。

表 3-2-2　"城市空气质量数据的分析和可视化表达"活动过程设计

环节	课时	学习目标	学习任务	学习资源
数据采集	第 1 课时	了解数据采集的方法和工具；知道数据的存储和保护。	设计数据的采集方案；分小组对数据进行采集，辨别数据的有效性。	数据采集工具、活动记录表、城市空气质量网站。
数据整理	第 2 课时	了解数据整理的作用；掌握数据整理的基本方法。	了解体验数据分析的基本步骤和方法；探究数据的现状。	有关数据整理的微课程、数据整理技术工具。
数据分析	第 3 课时	掌握常用的数据分析方法；能根据需要选择恰当的方法进行数据分析；能有理有据地解释数据分析结果。	选择恰当技术对数据进行分析；挖掘数据所蕴含的信息，得出数据分析结果，对数据分析结果进行验证。	数据分析操作帮助文档、自主学习微课程、数据分析工具。
数据可视化表达	第 4 课时	了解数据可视化表达的方式；能选用合适的工具进行数据可视化表达和呈现。	制作完成数据分析结果可视化表达的作品。	数据可视化工具。
数据分析报告	第 5 课时	掌握数据分析报告的撰写方法，提高处理与应用数据的能力。	参考数据分析报告提纲，分组研讨，完成数据分析报告的撰写。	数据分析报告模板、自主学习微课程。

（四）持续性的多元化学习评价

"城市空气质量数据的分析和可视化表达"单元学习采用的是持续性的多元化学习评价。依据学习目标，针对单元主题活动任务，设计作品评价工具、过程性评价工具以及知识技能评价试题等，利用学习网站或平台工具，将持续性多元评价落实到具体的学习任务或活动的过程中，结合在线学习行为记录、课堂提问交互、学习作品展示、小组讨论等过程性评价方式，以持续化学习证据和数据分析报告作品来呈现评价结果，利用信息技术工具实时反馈评价结果，通过持续性学习评价促进学生学习。

四、大数据教学实施注意事项

1. 把握大数据教学的难度

大数据的"大"不仅在数据量，还在数据的复杂度和类型的多样性，反映出大数据的教学难度。实施大数据教学案例"城市空气质量数据的分析和可视化表达"时，注意大数据教学内容之间的承接关系，既要体现与"数据与信息"内容中数据、数字化、编码等内容的联结，也要体现与人工智能等内容的关联。另外，教师可以通过主题活动从基础、提升、拓展不同层级设计探究学习活动或任务，辅助适当的教学资源，如学习微课、导学案、学习网站、学习平台等脚手架，依据"最近发展区"学习原理，帮助学生"跳一跳"，达到预期的学习目标。

2. 注重学生思维能力的提升

指向深度学习的高中信息技术教学旨在提升学生的高阶思维，发展学生的学科核心素养。在大数据教学案例"城市空气质量数据的分析和可视化表达"的实施过程中，借助平台数据（或传感设备）和Python数据分析软件工具对城市空气质量数据进行实时采集、整理和分析，并应用数据分析结果提出建议、指导决策，体现大数据学习的实用性。在具体教学中，依据信息技术的学科核心素养，注重大数据背景下"数据—信息—知识—智慧"的认知发展主线，关注学生从数据到信息，再到知识，最后到智慧的提升，关注从问题界定、问题分解、模式识别、模型绘制、优化迁移等方面设计挑战性学习任务，为学生提供经历"数据采集—数据整理—数据分析—数据可视化—撰写数据分析报告"全过程的机会，促进学生学科思维的发展。

3. 关注学习的过程性评价

指向深度学习的教学实施中，如果教师采用的评价策略能够鼓励学生发展成具有批判性和创新性的思考者，就会引发学生的深层学习，反之，如果采用的评价策略强调背诵和记忆，则可能导致浅层学习。在案例"城市空气质量数据的分析和可视化表达"的教学过程中，教师应关注学生学习的过程性评价，结合实际教学情况和学业质量水平确定评价的范围，运用与教学内容相适应的评价方法，借助网络技术工具伴随式、全过程追踪记录学生学习过程中的表现和情况，通过课堂观察、学习行为分析、作品评价、档案袋资料采集等方式对学生进行知识、能力、情感等方面的评价。

4. 突出以单元主题促进学生的深度学习

指向深度学习的高中信息技术教学倡导以"学习单元"组织教学，通过引领性学习主题和挑战性学习任务引导学生开展学习活动，为学生深度学习创设条件。在教学案例"城市空气质量数据的分析和可视化表达"的教学过程中，教师通过设计"问题思考—挑战性学习任务—研讨交流"等环节引导学生自主、合作地进行探究活动，并提供支持学生进行主题探究的在线学习资源。学生围绕着学习主题，以小组合作方式设定子主题、规划数据分析方案、开展活动探究、完成作品制作、进行成果交流，在经历利用信息技术处理数据的一般过程与方法时，提高了数字化学习与创新能力。

第三节　如何开展物联网教学

随着信息化的进程，网络已经渗透到社会各行各业，产生了网络购物、线上支付等一系列新型网络服务，对人们的生活、工作和学习产生了重大的影响。《普通高中信息技术课程标准（2017 年版 2020 年修订）》中的必修模块 2 "信息系统与社会"和选择性必修模块 2 "网络基础"都明确提到 "物联网技术"的应用。那么，如何理解将 "物联网"引入高中信息技术课程中？是要让学生学习更复杂的网络知识吗？如何通过 "物联网"的学习发展学生的学科核心素养？这些都是信息技术教师在开展教学时必须思考的问题。

一、物联网教学中的问题与困难

物联网（Internet of Things，简称 IoT）即 "万物互联的网络"，是互联网的自然延伸和拓展。在物联网中，通过传感器等设备，按照约定的协议，将相关物体与网络相连接，进行信息采集和通信，实现智能化识别、定位、跟踪、监控和管理。物联网实现了人、机、物之间的交叉互联，并架起了现实世界与虚拟世界相连接的桥梁，是信息技术领域的一次重大变革。无论是高中信息技术课程标准，还是在信息技术教材中，都强调通过单元主题活动的方式开展物联网学习。但是，物联网作为信息技术课程新增加的内容，在教学实施中还存在着实验环境不配套、教学难度难把握以及重理论轻实验等问题。

（一）物联网实验室环境难以匹配课程标准的要求

《普通高中信息技术课程标准（2017 年版 2020 年修订）》要求设立能满足各模块教学需要的信息技术教室和信息技术实验室，配备数量合理、配置适当的计算机和相应的实验设备，并配备满足各模块教学需要的软件及网络设施。在条件不足的学校，可设立多个模块共同使用的信息技术实验室，便于教学的正常开展。信息技术实验室为学生提供开放式的、资源丰富的实践环境，同时可以通过项目引领、实践活动，将知识构建、技能培养与学科思维发展融入运用数字化工具解决问题和完成任务的过程中，从而培养学生的学科核心素养。梳理高中信息技术课程标准的学习要求，与物联网相关的教学建议与实验环境需求如表 3-3-1 所示。

表 3-3-1　课程标准中的教学建议与实验室配备问题

课程模块	教学建议	实验室配备问题
必修 2 信息系统与社会	利用信息技术实验室创设真实的问题情境，为学生提供从信息系统设计规划到软硬件操作的实践体验机会，提高学生对信息系统价值的认识以及利用信息系统解决问题的能力。	关于"从信息系统设计规划到软硬件操作的实践体验"所需的环境是什么，课程标准中并没有明确的说明和要求。
选择性必修 2 网络基础	在能够接入互联网的信息技术实验室中开展，可根据条件配置相应的组网设备或者开源的板卡，为学生创建操作实践的环境。在开展网络连接、网络服务等活动时，要尽量采用较新的技术、软件和设备，并与学生的日常网络使用经验建立联系。	关于"开展网络连接、网络服务等活动"的环境是怎样的，课程标准中并没有明确的说明和要求。

通过分析可以看出，新修订的课程标准根据社会发展需要和学科变革的特征，引入了一些信息技术前沿内容。以必修模块为例，涉及信息系统、物联网、人工智能等实验内容，并要进行小型信息系统搭建、物联网实验、无线网络组建、人工智能实验（如人脸识别）等实践活动。为了帮助学生理解这些内容，课程标准建议通过信息技术实

验室的方式开展教学。但是当前学校的信息技术教学环境主要还是"计算机+网络"式的计算机教室，缺乏与"物联网"教学活动相配套的实验室，这会影响物联网教学的有效开展。

（二）物联网教学的难度难以把握

必修模块 2 "信息系统与社会"关于物联网这部分内容，课程标准的内容要求是通过分析物联网应用实例，知道信息系统与外部世界的连接方式，了解常见的传感与控制机制；通过搭建小型信息系统的综合活动，体验信息系统的工作过程。必修部分侧重学生对物联网信息系统的应用体验，并未涉及更深层次的内容，主要以学业质量水平 2 作为高中毕业生在本学科应该达到的要求。而选择性必修模块 2 "网络基础"对物联网的内容要求是掌握物联网的概念及其发展历程，了解与物联网相关的设备及其功能，描述其工作原理；体验物联网、"互联网+"以及其他相关网络在日常生活、学习中的应用，如 bluetooth（蓝牙）、NFC（近场通信）等，探讨创新网络服务对人们未来生活、工作与学习的影响。"网络基础"模块不仅要求学生掌握物联网应用的操作技能，更重要的是还要理解操作背后的技术原理，能用较新的技术解决实际问题。无论是从教学内容的难度还是应用的广度上来看，选择性必修模块比必修模块的要求高很多，主要以学业质量水平 3 和水平 4 作为学业水平等级性考试的命题依据。然而，在实际教学过程中，因学校物联网实验环境条件不同及教师教学水平的差异，教师对两个模块教学难度的把握会有很大的出入。

（三）教学方式重理论轻实验

在必修模块的教学中，针对物联网教学，教师利用信息技术实验室创设真实问题情境，为学生提供从信息系统设计规划到软硬件操作的实践体验机会，提高学生对信息系统价值的认识以及利用信息系统解决问题的能力。在选择性必修模块的教学中，教师通过创设网络实验环境，引导学生在实际操作中掌握网络应用的技能，理解操作背后的技术原理，体验物联网给人们生活带来的便利。在开展网络连接、网络服务等活动时，要尽量通过真实的应用环境为学生提供体验的机会，与学生的日常网络使用经验建立联系。因此，在教学实施中，新修订课程标准建议教师尽可能采用实验的方式开展教学。但是在实际操作中，许多教师的课堂中会出现"重理论轻实验"的现象，即在讲授理论知识时兴致很高，一旦到了实际操作环节，受实验条件的制约，如缺少硬件、缺少实验配套资料、缺少师资等，项目实验就无法开展，往往是以视频的方式让学生观察和感受，学生难有实践体验的机会。可以想象，这种走马观花式的物联网教学方式很难激发学生的学习动力，更不用说培养学生的创造性思维了。

二、物联网教学解决问题的方法与策略

（一）挖掘现有资源，改善物联网实验环境

对于信息技术课程而言，必要的基础设施、数字化设备是课程实施的物质基础。因此，信息技术实验室的建设必须建立在各教学模块的基础之上，并服务于教育教学提出的具体内容。以高中信息技术课程为例，通过对必修模块 2 "信息系统与社会" 和选择性必修模块 2 "网络基础" 的分析，基于物联网技术的信息技术实验室要能满足学生的传感器硬件学习、设备控制、组网等活动，能支持学生搭建简单的物联网环境，尝试进行应用，相关实验要求如表 3-3-2 所示。

表 3-3-2　高中信息技术课程与物联网教学实验的相关要求

课程类别	课程模块	课程标准的内容要求	实验条件需求	实验实例
必修课程	信息系统与社会	2.3　通过分析物联网应用实例，知道信息系统与外部世界的连接方式，了解常见的传感与控制机制。 2.8　通过搭建小型信息系统的综合活动，体验信息系统的工作过程，认识信息系统在社会应用中的优势及局限性。	1. 常用的网络设备，如无线路由器、交换机等。 2. 带 Wi-Fi 功能的物联网套件、开源板卡、各类传感器等。 3. 物联网平台。 4. 程序编译环境。	智能家居系统。
选择性必修课程	网络基础	2.7　掌握物联网的概念及其发展历程，了解与物联网相关的设备及其功能，描述其工作原理。 2.8　体验物联网、"互联网+"以及其他相关网络在日常生活、学习中的应用，如bluetooth（蓝牙）、NFC（近场通信）等，探讨创新网络服务对人们未来生活、工作与学习的影响。		

从表 3-3-2 可以看出，如果只是简单地设计一个小型物联网信息系统，教学实验环境相对来说还是比较容易解决的，所用到的软硬件也比较常见，即使在"传统"的计算机室中通过增加相应的设备也能完成。同时，可以挖掘学校现有的软硬件资源，尽可能改善信息技术实验的环境。比如，通用技术课程与信息技术中的实验课程在教学设备和教学环境等方面有很多共通之处，因此，涉及物联网传感器的教学可以以现有的通用技术实验室为基础，结合物联网实验的特点及要求，增加一些实验必需的器材，以达到实验室共享共用的目的。

（二）开展单元教学设计，提高信息技术实验效率

深度学习强调教学依托学习单元主题，通过学生的探究过程，将学科思维、技术方法等进行关联和迁移，掌握利用信息技术问题解决方法，提升学科核心素养，实现有意义的学习。因此，针对物联网实验教学，要从项目情境、教学内容、问题设计、实验活动等方面开展基于主题活动的教学设计，从而提高信息技术实验效率。

1. 实验项目学习情境化

指向深度学习的教学策略之一就是依托主题活动。通过创设适合学生认知特征的真实活动情境，引导学生利用信息技术开展项目实践，并在项目实践中渗透学科核心素养，整合知识与技能的学习。"真实情境"的创设要以学生生活经验为落脚点，以现有认知能力经验为基础点，同时还要以学生兴趣为出发点。因此，物联网实验教与学要围绕"真实情境"来展开。例如，本节第三部分基于真实情境学习主题的"打造未来智能家居生活——基于物联网的信息系统"（以下简称"打造未来智能家居生活"）案例，学生在教师引导下发现问题、分析问题、设计方案、协作实践及解决问题，尝试从物联网的使用者转变为新技术与日常事务相结合的设计者和创新者，从而提高自身对信息问题的敏感性、对知识学习的掌控力及对问题求解的思考力。

2. 实验内容单元化

进行教学设计时，通过对课程目标进行分析细化和对课程内容进行结构化研究，从整体上把握教学内容的单元化，厘清单元内、知识间的内在关联。在确定单元学习目标时，要基于学科核心素养和学科大概念进行分析，准确把握学习目标和学业质量要求。要注重学生对知识的理解、生成和建构，突出学生的主体性、能动性和发展性，强调学习任务的挑战性、学习活动的体验性和学习结果的可迁移性。必修模块 2 "信息系统与社会"中涉及物联网的教学内容主要有物联网

的概念、常见的传感与控制机制、信息系统与外部世界的连接方式、射频识别技术、物联网应用等。利用教学内容单元化的方式，既能有效整合教学内容，又能合理渗透学科核心素养。

3. 思维活动问题化

学习不仅要从情境中体验，也要从问题中引发学习。在指向深度学习的教学中以问题为抓手，通过主题活动情境体验和问题的解决促进学科核心素养的达成。问题设计主要考虑三个方面：一是要建立在学生认知冲突的焦点上；二是对于解决学科基本问题具有核心价值；三是问题的解决对达成活动目标起决定作用。因此，在教学各个环节能否设计激发学生思维活动的有效问题至关重要，这关系学生新知建构、计算思维、批判性思维、创新思维、解决复杂问题等高阶思维能力的培养。针对物联网教学实验，可以尝试思考以下几个问题：实验的目的是什么？需要用到哪些软硬件设备？使用哪个物联网实验平台？实验中可能会遇到哪些问题？如何确认实验达到了预设目标？

4. 实验过程具体化

实验的组织与指导是实验教学的关键，在实验的组织与实施过程中，教师主要做好以下几点工作：一是实验前的准备，主要包括实验方案设计、实验报告单设计、实验环境测试、实验硬件分配等；二是在实验实施过程中，教师要给予实验指导，主要包括介绍实验内容、实验的重点和难点、实验安全等，提醒学生及时做好实验记录，填写实验报告单，并撰写实验小结，尽可能将实验的各个环节具体化，具体可参考本节的"组建基于物联网的信息系统"实验报告单示例。

5. 过程评价持续化

教师通过创设真实生活情境来开展物联网主题活动，利用主题任务串联整个单元教学内容。学生完成一个主题学习活动后，其学习效果如何？项目作品如何改进？学科核心素养是否达成？这些都需要教师有相应的证据来评判。因此，教师应关注学生的主题活动进展情况，监测与调控学生的学习情况，了解学生学习目标的达成情况，反馈与指导教学改进。通过持续的跟踪，进而形成持续性证据，如个人的观察记录、小组间的协作、小组的主题活动作品进度等。持续性学习评价通过持续地跟踪反馈，指导改进学生学习的方式以及教师的教学。

三、问题解决的过程与案例

下面将以高中信息技术必修模块 2 "信息系统与社会" 的 "打造未来智能家居生活" 单元为例，从学习主题、学习目标、学习活动和持续性学习评价等方面探讨指向深度学习的物联网单元整体教学设计的思路与方法。

（一）引领性的单元学习主题

深度学习致力于激发学生内在的学习动机，通过引领性学习主题吸引学生主动地、全身心地投入学习，感受学习的乐趣，体会学习的价值和意义。本单元通过创设基于真实情境的主题活动 "打造未来智能家居生活"，引导学生尝试从物联网环境的使用者转变为物联网应用模式的创新者，引导学生从更深层次去思考和探究物联网在信息社会的重要作用，及其对人类社会的影响，鼓励学生主动关注技术、人和社会的关系，学会合理运用信息技术，增强社会责任感。

本单元引导学生设计和搭建一个基于物联网的信息系统，在此过程中体验物联网在现代信息社会中发挥的重要作用，掌握有关物联网方面的基础知识，提升学生分析问题、设计方案、协作实践和解决实际问题的能力，达成面向信息技术学科核心素养的目标。通过该主题活动，让学生更好地理解万物互联的生存环境。

（二）素养导向的单元学习目标

"打造未来智能家居生活"单元主题活动围绕信息技术学科核心素养，在学情分析的基础上，依据课程标准的内容要求，结合教材资源，将本单元的学习目标确定为：学生通过分组合作，设计搭建一个小型的智能家居系统，体验物联网在日常生活、学习中的应用，了解物联网对人们生活、工作和学习的影响；了解物联网的概念，认识传感器，了解常见的传感与控制机制，选用适当的数字化工具获取和分析数据；知道物联网的体系结构，借助开源硬件搭建具有简单功能的智能家居系统，提高应用数字设备创新的能力；认识物联网在信息社会应用中的优势与局限，具备网络应用的安全意识与基本防范能力。单元学习目标与所发展的学科核心素养的对应关系如表3-3-3所示。

表3-3-3　"打造未来智能家居生活"单元学习
目标与所发展的学科核心素养

序号	单元学习目标	所发展的学科核心素养
1	体验物联网在日常生活、学习中的应用，了解物联网对人们生活、工作和学习的影响。	信息意识。
2	了解物联网的概念，认识传感器，了解常见的传感与控制机制，选用适当的数字化工具获取和分析数据。	计算思维。
3	知道物联网的体系结构，借助开源硬件搭建具有简单功能的智能家居系统，提高应用数字设备创新的能力。	计算思维、数字化学习与创新。
4	认识物联网在信息社会应用中的优势与局限，具备网络应用的安全意识与基本防范能力。	信息意识、信息社会责任。

（三）实验主导的单元学习活动

本单元采用实验主导的单元学习活动，围绕"打造未来智能家居生活"学习主题进行教学设计。本单元在教育科学出版社出版的必修模块 2 "信息系统与社会"的教材中是"信息系统的集成"的第四部分，在此之前，学生已经学习了计算机系统组成，并初步掌握了构建计算机网络（包括无线局域网）的方法。从前面的课程标准分析中可以看出，该单元的教学内容既包含理论知识又需要动手实践操作。因此，单元教学实施需要以实验的方式进行。为充分调动学生的积极性，更好地体现理论联系实际，实验活动过程中可采用任务驱动、网络探究、小组合作等多种学习方法，尽量让学生置身于自主探究、解决问题的氛围中，成为真正的学习主体。此外，通过微课视频、学习网站与网络教学评价系统等工具的辅助，开展物联网系统的构建和应用体验活动，通过导学案、实验报告单来引导学生在完成任务的过程中进行更深入的思考。单元学习规划如表 3-3-4 所示。

表 3-3-4　"基于物联网的信息系统"单元学习规划

课时	学习目标	学习内容	学习活动	学习资源
第 1 课时	1. 认识物联网，知道信息系统与外部世界的连接方式。 2. 了解常见的传感与控制机制。 3. 明确单元学习主题，分组讨论要实现的小型智能家居系统功能，进行需求分析和功能设计。	1. 物联网及其体系结构。 2. 传感器技术和射频识别技术。 3. 智能家居系统的功能特点及其对人类生活的影响。	1. 观看物联网、传感器、射频识别的相关微课视频。 2. 完成导学案中的练习。 3. 分组进行小型智能家居系统的需求分析和基本功能设计。	1. 物联网、传感器、射频识别的相关微课视频。 2. 物联网信息系统体验活动导学案。 3. 未来智能家居生活的视频资料。 4. 掌控板基本模块和功能介绍。

续表

课时	学习目标	学习内容	学习活动	学习资源
第2课时	1. 知道基于物联网的信息系统的构建方法与基本步骤。 2. 学习掌控板的基本功能和mPython X软件的基本操作。 3. 能使用开源硬件和图形化编程软件构建简单的物联网信息系统，并通过传感器采集信息。	1. 基于物联网的信息系统的设计。 2. 掌控板与mPython X软件的基本使用方法。 3. 通过掌控板与mPython X软件构建一个小型智能家居系统，并实现信息采集。	1. 认识掌控板中的各种传感器及如何利用mPython X软件设计对应程序采集信息。 2. 分组根据上一节的需求分析和基本功能设计，进行小型智能家居系统的概要设计并编程实现。	1. 掌控板和mPython X软件基本教程。 2. 小型智能家居系统的设计的单元主题活动导学案。
第3课时	1. 了解开发基于物联网的信息系统与开发普通信息系统有何区别。 2. 认识物联网的控制技术，体验通过网络远程控制，实现真正的智能家居系统。 3. 了解物联网的应用及其影响。	1. 基于物联网的信息系统的开发。 2. 物联网的控制技术。 3. 物联网与大数据的关系，物联网的应用领域及其重要影响。	1. 修改上一节的程序，在网络服务器的支持下实现智能家居系统的某项具体功能。 2. 分组展示汇报，总结物联网信息系统的设计与开发流程。 3. 分析物联网的重要作用和可能存在的问题。	1. 组建基于物联网的信息系统实验报告单。 2. 物联网安全应用的反面案例视频，如远程监控系统的安全问题。 3. 与物联网应用有关的PPT演示文稿。

此外，在实验主导的单元学习活动过程中，为明确实验步骤和记录实验数据，实验过程中强调了学生对实验报告单的填写，让学生对实验的原理、现象、出现的问题及解决办法等进行详细的记录，并做好实验小结，总结反思，进一步改进实验效果。

实验报告单示例

"组建基于物联网的信息系统"实验报告单（一）

第（　）组　　组员1：　　组员2：　　组员3：

1. 实验内容

利用掌控板制作一个噪声监测报警系统，获得实时的声音值并发送到服务器上，超过一定音量会亮灯响铃报警。

2. 实验目的

（1）了解常见的传感与控制机制，能构建简单的基于物联网的信息系统。

（2）理解信息系统与外部世界的连接方式，并能利用物联网促进学习与发展。

（3）通过实验分析物联网信息系统的工作过程，以及应用中的优势和局限。

3. 实验设备

每组一块掌控板，一根 USB 线；机房内配一台无线路由器。

4. 实验原理

（1）信息系统：一系列相互关联的对数据和信息进行收集（输入）、操作、存储（处理）与传播（输出），并提供反馈机制以实现其目标的元素或组成部分的集合。

（2）传感机制：借助感知设备感受到被测量的信息，并将感受到的信息按一定规律转换为电信号或其他所需形式。

（3）控制机制：根据自己的目的，通过一定的方法使事物沿着某一确定的方向发展。

5. 实验步骤

（1）获取声音信息。

➤ 完成硬件（掌控板、USB 线和计算机）的连接。

➤ 在 mPython X 中打开老师发送的项目"1. 获取声音值 . xml"。

➤ 将变量 Val 的值设为系统资源中的"声音值"。

➤ 刷入运行，在掌控板麦克风附近拍手或说话，观察掌控板显示屏上是否能正常显示当前检测到的声音值。

（2）根据获取的数据进行决策。

补充完善代码中的判断条件，当声音值大于 1000 时，LED 亮红灯报警。

（3）连接互联网，上传数据。

➤ 在 mPython X 中打开教师发送的项目"2. 发送报警信息 . xml"，修改以下代码，连接到指定 Wi-Fi。

➤ 修改代码，把 sid 设置为自己小组的编号（C01、C02……）。

➤ 刷入运行，并用浏览器打开物联网服务器数据平台地址，观察实时数据传输情况。

（4）远程控制硬件设备。

观看教师演示如何通过手机遥控某块掌控板开关灯，理解物联网的控制机制。

（5）拓展任务。

完成上述噪声报警器设计后，可尝试通过修改某些步骤，实现小组之前计划设计的其他智能家居系统功能（提示：可利用现有的光线传感器、加速度传感器、麦克风来设计）。

6. 实验记录

任务	完成情况			程序截图
获取声音值	☐A	☐B	☐C	
声音过大亮红灯报警	☐A	☐B	☐C	

续表

任务	完成情况			程序截图
将声音数据上传至互联网	□A	□B	□C	
其他扩展功能	□A	□B	□C	

备注：完成情况中 A 表示完全实现，B 表示部分实现，C 表示没有实现。

7. 实验讨论

（1）简单描述噪声监测报警系统的完整工作流程，分析可以在哪些方面进行功能改进（可增加其他传感设备）。

（2）基于物联网的信息系统是否会存在安全风险？举例说明可能有哪些风险，以及我们可以采用什么方法来有效规避。

（四）持续性单元学习评价

持续性单元学习评价是对学生学习的一种形成性评价，一直贯穿学习的整个过程，教师要对学生学习各环节的表现及时做好记录，做到实时跟踪评价和即时反馈。因此，可采用多样的评价形式，在单元学习过程中可以采用活动记录表、口头回答问题、学生之间的合作和沟通表现、生成性成果、完成主题作品等方式开展。通过对所收集的评价信息予以反馈，促进学生自我调整，激发学生的积极主动性。"基于物联网的信息系统"的单元学习评价如表 3-3-5 所示。

表 3-3-5　"基于物联网的信息系统"单元学习评价

课时	学习目标	评价任务	评价标准	评价方法
第 1 课时	了解物联网的概念和体系结构，知道信息系统与外部世界的连接方式。	学生填写物联网信息系统体验活动学案。	学生能通过阅读教材和教师提供的微视频，准确填写导学案中的问题。	用网络教学评价系统进行自动检测和提问抢答。

续表

课时	学习目标	评价任务	评价标准	评价方法
第2课时	认识传感器，了解常见的传感与控制机制，进行基于物联网的信息系统的设计。	分组讨论，进行小型智能家居系统的需求分析和功能设计，填写导学案。	能通过小组合作，针对掌控板已有的传感器功能特点，完成小型智能家居系统的需求分析和功能设计。	课堂提问，分组汇报，人工批改导学案。
第3课时	能通过开源硬件和图形化编程软件开发简单的基于物联网的信息系统。	学生进行组建基于物联网的信息系统实验并完成对应的实验报告单。	能根据实验报告单的指导，成功组建简单的物联网信息系统，实现传感器信息采集和网络远程控制。	通过网络服务器即时反馈各组的程序运行结果；邀请实现了创新功能的小组演示汇报。

四、物联网教学实施注意事项

《普通高中信息技术课程标准（2017 年版 2020 年修订）》在课程目标中强调"课程通过提供技术多样、资源丰富的数字化环境，帮助学生掌握数据、算法、信息系统、信息社会等学科大概念"[1]。因此，教师在教学过程中就应根据教学需要为学生提供相应的软硬件环境支撑，创设开放性学习环境。基于深度学习的开放性学习环境除了信息技术实验室外，还需要有虚拟环境的支撑，即软件资源，主要包括数字化工具、数字化开放教学平台等。

（一）选择恰当数字化工具支撑教学活动

数字化工具是开展物联网主题活动必不可少的技术支撑。学生在

---

[1]　中华人民共和国教育部 . 普通高中信息技术课程标准（2017 年版 2020 年修订）[M]. 北京：人民教育出版社，2020：7.

开展深度学习的过程中，通过真实情境的主题探究活动，选择恰当的数字化工具开展自主学习、协同工作、知识分享与创新创作。因此，在开展主题活动前，教师应根据教学内容的需要准备好恰当的数字化工具，一方面可以丰富教学组织方式，另一方面也能为学生的学习路径与学习方式提供多样化的技术支撑，如物联网平台的选择、编程环境的选择等。

（二）利用数字化开放教学平台提升教学质量

信息技术即是学生课程学习的内容，也是学生学习过程中的技术工具。在物联网教学过程中，教师应充分利用信息技术创设学习环境，结合信息技术学科核心素养，在对深度学习单元教学的整体设计、实施策略及评价体系研究的基础上，利用数字化开放教学平台支持学生的主题活动，帮助教师实施多样化的教学组织形式；借助数字化学习分析系统追踪、记录学生的课堂学习表现，发现学生的学习问题，进行及时反馈，帮助师生调整学习方法和教学策略，提升教学效果，促进学习目标的达成。

第四节　如何开展人工智能教学

人工智能作为新一轮产业变革的核心驱动力，赋能传统行业，催生出新技术、新产品，引发经济结构的重大变革，实现社会生产力的整体跃升。人工智能帮助人类准确感知、预测、预警基础设施和社会安全运行的重大态势，做出决策反应，显著提高社会治理能力和水平。《普通高中信息技术课程标准（2017 年版 2020 年修订）》将人工智能教育的相关内容纳入必修模块 1 "数据与计算" 和选择性必修模块 4 "人工智能初步" 中，以必修课程和选择性必修课程的方式推进中学人工智能教育。

一、人工智能教学中遇到的问题与困难

1. 教学目标定位不准确，人工智能学习停留于肤浅的体验层面

在《普通高中信息技术课程标准（2017 年版 2020 年修订）》的必修模块 1 "数据与计算"中，将人工智能学习的内容要求定位在"了解与认识"层面，即了解智能信息处理的巨大进步和应用潜力，认识人工智能在信息社会中的重要作用。内容要求强调人、智能工具以及信息社会发展相互关联的教育，教学一般安排 2~3 课时。但是，在实践教学中，学习目标定位低，只是让学生体验人工智能应用，难以有效提升学生的学科核心素养。例如，有些教学只停留于让学生感受人脸识别系统，观看一些人脸识别系统在社会应用中的场景，或尝试应用智能翻译系统，比较两种智能系统对同一内容翻译结果的异同等。事实上，如果高中生只是简单地操作或应用智能工具，而未能认识到"数据、算法、算力"在人工智能中的作用，他们依然很难理解应用智能工具解决问题的过程与方法，学科核心素养所要求的"关注信息技术革命带来的环境问题和人文问题""根据实际解决问题的需要，恰当选择数字化工具，具备信息安全意识"等目标也就难以达成。

2. 教学内容偏重于编程或者操作技能，忽略计算思维的培养

在《普通高中信息技术课程标准（2017 年版 2020 年修订）》规定的"人工智能初步"选择性必修课的教学过程中，一些教师偏重于提升学生的编程或者开源硬件的搭建技能，课程学习主要依托竞赛培训开展，如机器人或者创新项目。课程实施中偏重于学生的模仿和操作技能的提高，对学生的计算思维、创造思维重视不够。在人工智能教学过程中，如何依托单元学习主题，将数据、算法、算力以及编程等相关知识技能合理融入主题活动中，引导学生在完成挑战性学习任务的过程中，既能"了解人工智能的核心算法，熟悉智能技术应用的基本过程和实现原理"，又能实现"辩证认识人工智能对人类社会未来发展的巨大价值和潜在威胁，自觉维护和遵守人工智能社会化应用的规范与法规"的目标依然是教师在教学实施中遇到的困难。

3. 实验条件难以满足教学需求，教学案例和资源匮乏

人工智能课程内容更新快，适合中学生的教学案例和教学活动设计可参考的学习资源不足。此外，课程内容对教学环境的要求过高，很多教师没有找到合适的教学平台，在课堂上偏重理论知识的灌输，从而导致了教学难度的增加，使学生感觉人工智能知识深奥难懂。因此，如何依据课程标准的内容要求和单元学习目标准备教学资源，开展人工智能活动也是教师教学中遇到的困难。

4. 教学评价未能全面考查学生的学科核心素养水平

在教学评价方面，当前人工智能的教学评价主要以选择题、填空题、判断题题型呈现，评价内容过于简化。例如，有考试题是"让学生填写人工智能的发展经历了哪几个阶段"，也有考题描述一个现象（如用移动终端的应用软件识别某一植物），让学生判断其中用到的是哪一类人工智能等。这些学习评价设计主要还停留在识记层面，难以考查学生的学科核心素养水平，尤其是没法测评出智能技术服务社会的责任心和防范意识。因此，在教学过程中，教师还需要从学科核心素养的维度设计人工智能学习评价内容和方法，从信息意识、计算思维、数字化学习与创新、信息社会责任等方面反映学生的学习结果。

二、人工智能解决的方法与策略

深度学习强调五个关键特征，即活动与体验、联想与结构、本质与变式、迁移与创造、价值与评判。按照深度学习的特征，结合人工智能教育中体现出的信息意识、计算思维、数字化学习与创新、信息社会责任，从引领性学习主题、素养导向的学习目标、挑战性学习任务、持续性学习评价等方面设计人工智能教学的方法与策略。

1. 开展基于智能工具解决问题的单元学习主题

作为学习方式所处理的学习内容，"联想与结构"是指学习内容不是孤立的，而是在结构中、在系统中的知识，是能够被唤醒、被调用的，是能够说明其他知识也能够被其他知识所说明的。知识不是词语的简单组合，而是有内在联系的结构与系统，并在结构、系统中显出它的意义。①人工智能作为信息技术前沿性领域，其中的一些新知识、新技能对学生的学习提出了新挑战。在教学中，如何将学生已有经验与人工智能学习内容做好联系就成为教学实施中的关键一环。因此，进行人工智能教学设计时，教师需要重视学生经验与知识之间的联系，从学生生活和社会热点问题入手，让学生经历基于智能工具解决问题的过程，即需求分析—原理探究—方案设计—程序编写—调试完善，将零散的知识点串成清晰的逻辑结构内容，最终构建出一个由单元主题统领、基于问题解决过程的完整教学单元。

2. 关注计算思维高阶能力培养的本质特征

"本质与变式"强调学生把握人工智能知识与技术的内在联系和本质，促进思维品质的发展。计算思维是高中信息技术的核心素养之一，其特点反映在形式化、模型化、自动化和系统化。高中人工智能课程的内容包括人工智能基本知识、人工智能核心算法、智能技术应用的基本过程与实现原理、通过智能技术解决简单问题（必修）、通过智能技术解决较复杂问题（选择性必修），这些内容涉及了问题求解过程的符号表示、模块化及分解，是对学生计算思维培养的体现。因此，在人工智能教学中，无论是图像识别、自然语言处理等不同类别人工智能的应用，还是无人驾驶、智能医疗等人工智能场景的体验，在教学中都需要从这些变式分析中，引导学生认识人工智能的三大要素"数据、算法、算力"，通过问题分析、建立模型、算法的设计和优化等过

① 刘月霞，郭华．深度学习：走向核心素养（理论普及读本）［M］．北京：教育科学出版社，2018：49.

程的实施提高学生应用人工智能解决问题的能力。

3. 采用基于"问题链"驱动的挑战性学习任务

"活动与体验"是深度学习的一项重要特征，强调了学生作为主体"亲身经历"知识的发现（发明）、形成、发展的过程，以生发丰富的内心体验，提升个人经验与精神境界。在教学中，有关人工智能技术应用的实现原理、算法与信息系统等内容是比较抽象和较难理解的，如果只是单纯的理论讲授与模仿操练，则难以起到促进学生发展的作用。因此，在教学过程中应通过主题活动引导学生感受人工智能应用情境，在实验中经历人工智能工具应用中的具体问题，针对这些问题进行资料查找、分析解决问题的条件，逐步建构人工智能知识，从而开展真实的、有深度的人工智能学习。因此，界定好学习目标后，应根据人工智能学习任务设计主题活动，分析所需解决的问题及相互关系，以"问题链"引发学生连续思考，驱动学生完成一系列的挑战性学习任务，在活动和体验中开展人工智能学习。

4. 指向迁移与创造的学习成果产出

"迁移与创造"即将所学知识转化为学生综合实践能力的问题，需要学生具有综合的能力、创新的意识。关于人工智能教育，《普通高中信息技术课程标准（2017 年版 2020 年修订）》在必修模块 1 "数据与计算"和选择性必修模块 4 "人工智能初步"中提出了要求。必修模块 1将人工智能课程内容要求定位在"了解与认识"层面，要求学生通过对人工智能典型案例的剖析，了解智能信息处理的巨大进步和应用潜力，学习成果是能了解人工智能对社会发展的影响，正确认识人与人工智能的关系。选择性必修 5 对人工智能课程内容的主要目标定位是"典型算法实现和简单智能系统开发"，强调学生要亲历设计与实现简单智能系统的基本过程与方法，通过搭建简单的人工智能应用模块，熟悉智能技术应用的基本过程和实现原理。随着课程内容的深入，人工智能学习要求从"了解与认识"发展为"迁移与创造"能力的培养。

5. 贯穿教学始终的人工智能伦理道德风险防范

"价值与评判"是深度学习的教学目标的重要维度，在人工智能课程中表现为学生对人工智能应用持积极的态度，在享受其带来的便利的同时，对其中的伦理道德风险要始终保持警惕。价值与评判贯穿人工智能课程整个教学流程。在需求分析环节，我们应引导学生积极运用人工智能技术解决实际问题；在原理探究环节，需要引导学生了解人工智能技术可能引发安全隐患，如个人隐私泄露等风险。在方案设计、程序编写和调试完善环节，引导学生从源头进行规范，增强道德风险防范意识，尤其是选择性必修课程的智能系统的应用，还需要引导学生预测和评估人工智能产品可能引发的道德风险。

三、解决的过程与案例

下面我们以必修模块 1 "数据与计算"的"人脸识别"单元为例，从教学内容、教学目标和教学方式三个方面探讨指向深度学习的人工智能单元整体教学设计的思路与方法。

（一）构建人工智能知识结构框架，确定单元学习主题

1. 明确人工智能的核心知识和关键能力，构建知识结构框架

本单元属于必修模块 1 "数据与计算"，对应课程标准中的内容要求 1.8，具体为"通过人工智能典型案例的剖析，了解智能信息处理的巨大进步和应用潜力，认识人工智能在信息社会中的重要作用"，对应的学业要求为"了解人工智能技术，认识人工智能在信息社会中的重要作用"，符合学业质量水平 1 中"认识人工智能在信息社会中的重要作用""了解人工智能技术"的内容，属于基础性的考查要求。

在分析课程标准的基础上，我们对不同版本教材中有关人工智能的学习内容和活动主题进行了分析，结果如表 3-4-1 所示。

表 3-4-1　必修模块 1 "数据与计算" 人工智能部分教材对比分析

版本	章节名称	主要知识和概念	主题	活动任务
中图人教版	第 4 章 "走进智能时代"	概念：人工智能、人工智能关键技术 主要知识：认识人工智能；利用智能工具解决问题；人工智能的应用与影响	智能交互益拓展	为微信公众号设置智能对话机器人，使其成为一个 "智能班级交互系统"，并对该系统数据进行分析，完善知识库，撰写支持学习改进、提升的方案
教科版	第 5 单元 "数据分析与人工智能"	概念：人工智能、启发式搜索、机器学习、神经网络、神经元芯片、智能传感器 主要知识：人工智能的应用、人工智能技术发展、人工智能的作用	人工智能科普营	任务 1：认识人工智能 任务 2：揭秘智能算法
粤教版	第 六 章 "人工智能及其应用"	概念：人工智能、领域知识、智能问答机器人 主要知识：智能信息处理的过程、人工智能的诞生与发展、人工智能的应用	剖析空调企业智能客服机器人	活动 1：体验空调企业智能客服机器人提供的服务，了解领域知识智能问答系统，用 Python 编程计算 Jaccard 相似度系数来判断问句相似度。 活动 2：体验智能客服机器人构建 "知识库模块" 时的模型训练程序。

　　基于对单元内容的教材对比分析，我们对本单元的基础知识和关键能力进行了梳理，提炼出学生在本章需要逐层建构的核心学习维度：认识人工智能及技术，从而理解人工智能原理；剖析人工智能技术，从而实践人工智能技术；应用人工智能技术，从而思考人工智能技术的合理应用。"走进人工智能" 的章节知识和关键能力的结构框架如图 3-4-1 所示。

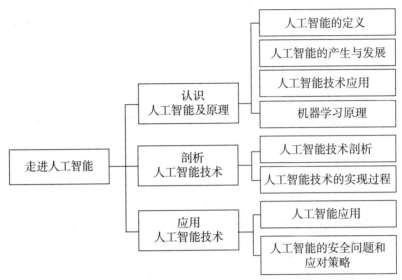

图 3-4-1　"走进人工智能"章节知识和关键能力的结构框架

2. 分析学习单元承载的学科核心素养

围绕以上三个学习任务，我们进一步深入分析学习单元承载的学科核心素养：认识人工智能及原理，即了解人工智能技术，认识人工智能在信息社会中的重要作用，指向计算思维和信息意识；剖析人工智能技术，即利用智能工具实现人工智能技术，指向计算思维；应用人工智能技术，能适当把人工智能技术运用在学习和生活中，并客观认识人工智能技术对社会生活的影响，指向数字化学习与创新和信息社会责任。

3. 贴近社会热点和学习生活，确定单元学习主题

情境化的教学能把学习和生活相关联，更容易使学生内化人工智能课程内容、提升学习能力、发展学科思维。因此，我们从学生身边的社会热点或学习生活问题中挖掘单元学习主题。人脸识别是人工智能在计算机视觉图像识别中的一项重要应用，应用于数码相机、门禁系统、身份认证和网络支付等，和学生的学习生活息息相关。人脸识别技术在为社会生活带来便利的同时，所带来的个人信息保护问题也

日益凸显。人脸等身份信息泄露导致隐私权、名誉权被侵害等问题经常发生。本单元以人脸识别作为切入点引导学生学习人工智能的相关知识，揭开人工智能的面纱，了解其核心技术及魅力，促进学生学科核心素养的提升。

（二）整合单元教学内容，确定单元学习目标

单元学习目标是指在完成单元学习之后，学生应获得的学科核心素养，包括能灵活应用的知识、技能、策略，能反映学科本质及思想的方法，能解决问题的综合能力，以及经历一定的困难之后学生愉悦的心理感受，还有学生对学科的好奇和期待。[①] 单元学习目标作为学生学习后应获得的学科核心素养的学习结果，是对信息技术学科核心素养的具体化，具有一致性、结构化和可检测性等特点。围绕信息技术学科核心素养，"走进人工智能"的单元学习目标及对应的学科核心素养如表 3-4-2 所示。

表 3-4-2　"走进人工智能"单元学习目标及对应学科核心素养

序号	单元学习目标	学科核心素养
1	通过体验人工智能典型案例，感受人工智能技术的应用价值，分析机器学习的过程，了解人工智能的简单原理，认识人工智能对社会发展的影响	信息意识 计算思维
2	通过体验"人脸识别"的实现过程，探究影响识别结果的因素与优化方法，掌握应用智能工具解决问题的过程与方法	计算思维 数字化学习与创新
3	通过人工智能技术的应用探讨以及设计应用，了解人工智能技术在不同领域的应用，思考人工智能广泛使用后可能引发的问题，增强信息社会责任感	信息社会责任

---

① 罗滨. 深度学习：从课时教学目标到单元学习目标 [J]. 北京教育（普教版），2018（12）：18-19.

（三）依据单元学习目标，设计主题意义探究活动

1. 依据单元学习目标确定课时学习目标和学习内容

我们根据单元学习目标和课时安排，通过"利用智能工具解决问题的基本框架"实现任务线索、知识技能线索、解决问题能力线索的结合，把知识技能学习和解决问题能力发展融合在利用智能工具解决问题的过程中，促进学生学科核心素养的提升，确定"走进人工智能"的单元课时学习目标和学习内容，从而保证课程标准—单元学习目标—课时学习目标—学习内容能——对应和落实。"走进人工智能"的单元课时学习目标和学习内容设计等如表 3-4-3 所示。

表 3-4-3　"走进人工智能"单元课时学习目标和学习内容设计

课时	单元学习目标	主题任务	课时学习目标	学习内容
第 1 课时	单元学习目标 1、2、3、5	了解人工智能发展，感受人工智能的魅力，探究机器学习原理	● 通过"人机博弈三盘棋"，了解人工智能的产生与发展，体会人工智能对社会发展的影响 ● 通过体验"小 AI 对话机器人"和"人脸搜索"，感受人工智能技术的应用价值，认识人工智能在信息社会中的重要作用 ● 通过搭建"汽车识别模型"机器学习程序，分析机器学习的过程，理解人工智能的原理，并迁移至"人的特征"自动判断程序	● 人工智能的定义 ● 人工智能的产生与发展 ● 人工智能技术 ● 机器学习的过程

续表

课时	单元学习目标	主题任务	课时学习目标	学习内容
第2课时	单元学习目标4、6	亲历人脸识别的实现过程，探究影响识别的因素与优化方法	• 能说出人脸识别的原理和过程 • 了解影响识别的干扰因素及其相应的解决办法 • 能应用人脸识别程序预测未知人脸 • 提高对"人脸识别"等技术的安全意识和责任意识	• 人脸识别技术 • 人脸识别原理与过程 • 影响人脸识别的因素与优化方法 • 人脸识别的安全隐患
第3课时	单元学习目标5、6	探讨人工智能技术的应用领域，运用"人脸识别"技术完成"防止儿童被反锁车内监控系统"的设计	• 归纳人工智能在不同领域的应用 • 通过人脸识别技术的应用方案设计增强利用智能技术服务人类发展的责任感 • 了解人工智能的安全隐患和防范措施	• 人工智能在不同领域的应用 • 人工智能技术的双面性

2. 通过"问题链"设计挑战性学习任务

单元学习目标的实现主要取决于学生每个课时挑战性学习任务的完成。挑战性学习任务是一种基于"问题链"驱动而形成的任务群。下面以第1课时"认识人工智能及原理"为例，探讨如何在具体课时设计中实现指向深度学习的挑战性学习任务。

基于对学习目标的分析，本节课学生需要思考和解决的问题是：什么是人工智能？人工智能对社会发展有什么影响？为什么人工智能能够识别物体？在教学过程中，通过引导学生对问题进行思考和开展主题活动，学生不仅能感受人工智能技术应用的魅力，也能尝试分析人工智能背后的原理，感悟"技术内在"的魅力。

3. 以单元学习目标为依据，设计持续性学习评价方案

持续性学习评价是指依据深度学习目标，为学生的深度学习活动持续地提供反馈，帮助学生发现个人学习过程中的不足，进行自我调整和学习改进。持续性学习评价是基于证据的判断，教学过程中需要根据学习目标达成的表现形式设计多样化的评价方法，考查学生信息技术学科核心素养的发展水平以及参与度和积极性。表 3-4-4 是"走进人工智能"单元的持续性学习评价方案。

表 3-4-4　"走进人工智能"单元持续性学习评价方案

评价任务	单元学习目标	评价指标	评价方法
第 1 课时	单元学习目标 1 单元学习目标 2	• 能否结合案例剖析人工智能技术的应用 • 能否说出人工智能的产生、发展及典型应用	网络测试
第 2~3 课时	单元学习目标 4 单元学习目标 5 单元学习目标 6	• 能否结合"人脸识别"的过程剖析智能工具处理信息和解决问题的过程 • 能否通过小组协作、探究学习的形式，对"人脸识别"应用持积极的态度，完成探究活动实验报告单 • 能否提高对"人脸识别"等人工智能技术的安全意识	主题活动评价量表

4. 创设真实情境，培养学生对智能工具应用的自觉性和责任意识

人工智能课程学习内容与学生的生活和学习越贴近，学生就越能产生深度体验。例如，在"走进人工智能"单元教学第 1 课时中，我们创设了"小 AI 对话机器人"和"人脸搜索"生活情境；第 2 课时我们创设了"同学们刷脸进校园系统"的情境；第 3 课时我们针对"儿

童滞留车内"社会热点问题展开人工智能方案设计。通过真实情境，学生能感受人工智能的魅力，自觉应用智能工具解决问题；通过分析人工智能应用中的社会问题，引发学生对人工智能应用安全的思考，树立遵守人工智能应用伦理、法规和法律的责任感。

四、人工智能教学实施注意事项

（一）在挑战性学习任务中掌握人工智能科学本质并实现迁移应用

在高中人工智能的教学实施中，如果学习目标只是让学生体验人工智能应用效果，缺少对人工智能典型案例的剖析，则学生难以理解在具体情境中应用智能工具解决问题的过程与方法，信息技术学科核心素养也就难以得到落实。因此，开展人工智能教学时，教师应通过人工智能实例的剖析、人工智能应用模块的搭建等活动，引导学生把握人工智能基本知识的内在联系与本质，发展计算思维。

由于人工智能原理知识较复杂，为便于学生理解，教学过程中不宜直接将涉及的人工智能知识和原理抽象地告诉学生，而应鼓励学生借由情境体验、问题探究、实验探索、归纳演绎等活动主动去感知、思考和把握。例如，"走进人工智能"单元教学第 1 课时"探秘人工智能及原理"中，"机器学习过程"知识点比较抽象，既是教学的重点也是难点。我们可以从学生的经验原型出发，引导学生思考"如何教儿童认识三角形？"，然后组织学生借助人工智能平台，在对比"搭建汽车识别模型"课堂实践检验中，用流程图总结并内化"机器学习过程"，最终迁移至"完善性别自动识别 Python 程序"中，实现智能技术的迁移应用。"探秘人工智能原理"的知识迁移与应用的实现路径如图 3-4-2 所示。

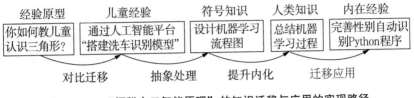

图 3-4-2 "探秘人工智能原理"的知识迁移与应用的实现路径

（二）如何将"价值与评价"渗透到单元教学活动中

"价值与评判"是深度学习教学目标的重要维度。培养高中生面对人工智能的从容感、幸福感、危机感和使命感是人工智能教学的目标。从选择性必修 4 "人工智能初步"的学习要求来看，通过学习该模块，学生既要能"了解人工智能核心算法，熟悉智能技术应用的基本过程和实现原理"，也要达到"辩证认识人工智能对人类社会未来发展的巨大价值和潜在威胁，自觉维护和遵守人工智能社会化应用的规范和法规"的目标。一方面，价值观的形成是一个隐性且长期的过程，需要贯穿于教学过程始终；另一方面，价值观并非是自然而然形成的，而是在"参与"知识形成的过程中、在批判性的认识与理解的过程中形成的。例如，在"无人驾驶"案例中，引发学生思考"如果无人驾驶出现了交通事故谁应负责呢？"，组织学生讨论相关法律法规的制定，探讨人工智能引发的伦理道德问题，学生在对"机器学习过程""图像识别原理"等知识进行建构的过程中，逐渐形成对人工智能伦理道德的正确判断，关注相关的隐私安全问题，担负起相应的信息社会责任。

（三）如何借助人工智能平台促进学生的深度体验

人工智能课程内容对教学环境的要求比较高，一些教师由于对常用的人工智能平台不了解或不熟悉，在课堂上偏重理论知识的灌输或者应用体验，从而导致人工智能课堂学习教学内容枯燥，教学方式单一。为了让学生在情境体验、问题探究、实验探索、归纳演绎等活动中主动感知、思考和掌握人工智能课程学习内容，在教学过程中，教师可以借助人工智能平台开展教学，促进学生对人工智能的深度体验。

1. 感知体验类

感知体验类主要让学生在体验中了解人工智能技术的相关应用，探究人工智能原理，感受人工智能的魅力，激发学习的兴趣。感知类主要分为人工智能产品实体、计算机网络平台和免费应用程序（APP）或微信小程序。其中，人工智能产品实体和计算机网络平台适合于课堂教学。例如，在"走进人工智能"单元教学第1课时"探秘人工智能及原理"，教师把"小AI对话机器人"作为课堂导入，让学生和机器人对话，从而激发学生的学习兴趣。在原理探究环节，教师引导让学生在某人工智能平台上体验语言识别的效果。让学生通过人工智能平台（如图3-4-3所示）搭建"汽车识别模型"，探究机器学习过程。通过免费应用程序（APP）或微信小程序帮助学生课后进一步深入体验，如植物识别、语音识别等应用程序。

图3-4-3　某人工智能平台提供的机器学习过程体验

2. 实践应用类

实践应用类主要是指实现人工智能功能的编程开发工具。这些编程开发工具有利于学生实现人工智能原理的知识迁移和应用，促进他们对智能工具解决问题的过程与方法的掌握。在人工智能领域，Python 的应用比较广泛，大部分高中也选用 Python 作为必修 1 "数据与计算"的程序设计语言，将 Python 作为高中生开展人工智能应用实践的编程开发工具。Python 的开发生态成熟，有一些库可以用于人工智能教学的项目开发。

（1）Sklearn：机器学习工具包，它自带了大量的数据集，可供学生练习各种机器学习算法。Sklearn 集成了数据预处理、数据特征选择、数据特征降维、分类/回归/聚类模型、模型评估等算法。机器学习库 Sklearn 中的决策树可用于分类决策算法，也可用于回归决策算法。

（2）CV 模块：OpenCV（Open Source Computer Vision Library）是开放源代码的计算机视觉库，主要算法涉及图像处理、计算机视觉和机器学习的相关方法。

（3）Matplotlib：绘图库，它可与 NumPy 一起使用，可提供一种有效的 MatLab 开源替代方案，用于可视化 NumPy 生成的各种数据序列。

例如，在"走进人工智能"单元教学第 1 课时"探秘人工智能及原理"中，就是引导学生运用 Python 的 Sklearn 机器学习工具包实现根据人的特征（身高、胡子）数据，自动判断其所属性别。在"走进人工智能"单元教学第 2 课时"剖析人工智能技术"中，学生通过人脸识别活动分析影响识别的干扰因素，能应用人脸识别程序预测未知人脸。

第四章

高中信息技术深度学习的教学案例

　　信息技术深度学习单元教学设计研究的最终目的应是将所研究的方法与策略应用于教学实践中，帮助教师在教学实践中理解深度学习的内涵与特点，落实课程标准的理念与要求，实现课程标准与教学实施的一致性，促进学生信息技术学科核心素养的发展。本章组织了高中信息技术教师开展深度学习教学的案例研究，为信息技术教师开展深度学习的教学提供实践支持。主要包括"认识学情数据，助力数字化学习""人工智能赋能美好生活""简易特色课程选课系统的设计与实现""智能小车的设计与制作"四个教学案例。

认识学情数据，助力数字化学习

表 4-1-1　认识学情数据，助力数字化学习

学科	信息技术	实施年级	高中一年级
课程标准模块	必修模块 1 "数据与计算"		
使用的教材	人民教育出版社，中国地图出版社		
单元名称	认识学情数据，助力数字化学习		
单元课时	7 课时		

引领性学习主题

　　引领性学习主题能促进学生主动学习信息技术，全身心投入具有挑战性的学习活动，掌握信息技术学科方法和学科思想。信息技术引领性学习主题设计应体现出如下特征：第一，内容上涵盖信息技术学科核心概念和知识；第二，方法上应用信息技术学科工具；第三，结构上体现问题解决逻辑；第四，价值上蕴含信息社会责任，体现学科育人。

　　本案例的引领性学习主题"认识学情数据，助力数字化学习"可具体表述为：开展一次学生数字化学习习惯的调研，基于调查数据分析学生的数字化学习习惯，感受学业评价数据对个性化学习的重要作用，分析数字化学习习惯行为数据和学业评价数据的关系，提出养成良好数字化学习习惯的建议，实现学习的自我减负增效。

　　本案例围绕信息技术课程学科大概念"数据"展开。数据是对客观事物的符号表示，在计算机科学中是指所有能输入计算机中并被计算机程序处理的符号的总称。数据是信息的载体，可以通过数字、文本、声音、图像、视频等多种数字化形式传播，成为信息时代每个公民基本生活的一部分。如今，数据已广泛应用于各行各业，深刻影响着人们的学习和生活。

【主题知识结构】

本单元属于必修模块1"数据与计算"课程模块结构中的第一部分"数据与信息"，对应课程标准"数据与计算"的内容要求1.1、1.2、1.3。该部分内容涉及信息技术学科的大概念——数据，本单元沿着数据的"基本概念—学科方法—深层应用"逻辑关系构建知识结构，将"数据与信息的概念及特征""数字、文本、声音、图像等数据编码技术""数字化学习工具应用方法以及学习策略"等内容融入单元学习主题（如图4-1-1所示）。

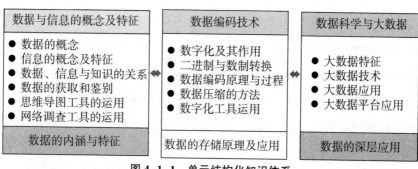

图4-1-1 单元结构化知识体系

学情数据旨在记录学生的学习过程与成果，是一种生成性资源，形式上包括数字、文本、声音、图像等形式。内容上，学情数据体现了单元结构化知识体系从数据现象到数据本质的逻辑关系（如图4-1-2所示）。

教学组织上，围绕学习主题"认识学情数据，助力数字化学习"（如图4-1-3所示），学生完成项目报告《促进高中生养成良好数字化学习习惯的对策》，体现利用数据解决数字化学习问题的过程。

学情数据
数字化学习行为数据
基于数字化学习行为数据进行分析
学习评价数据
数据与信息的概念及特征
数据编码技术
数据科学与大数据

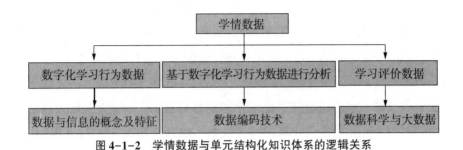

图 4-1-2　学情数据与单元结构化知识体系的逻辑关系

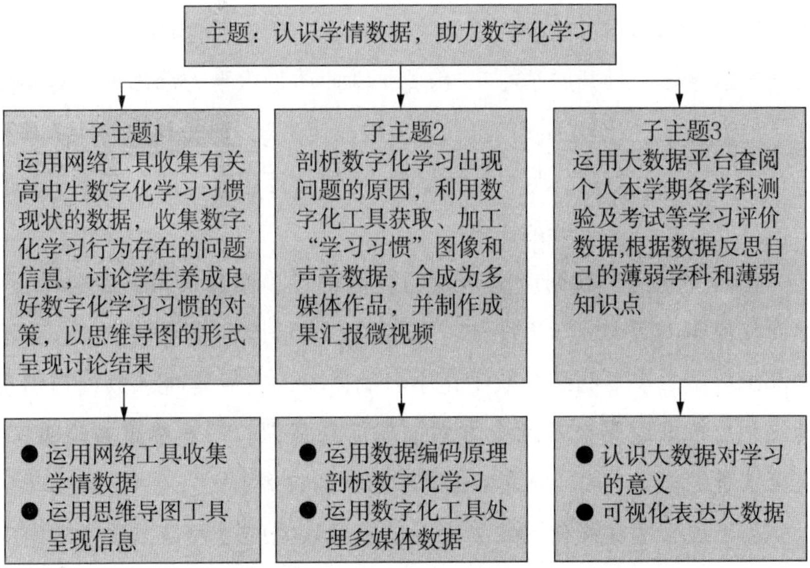

主题：认识学情数据，助力数字化学习
子主题1
运用网络工具收集有关高中生数字化学习习惯现状的数据，收集数字化学习行为存在的问题信息，讨论学生养成良好数字化学习习惯的对策，以思维导图的形式呈现讨论结果
子主题2
剖析数字化学习出现问题的原因，利用数字化工具获取、加工“学习习惯”图像和声音数据，合成为多媒体作品，并制作成果汇报微视频
子主题3
运用大数据平台查阅个人本学期各学科测验及考试等学习评价数据,根据数据反思自己的薄弱学科和薄弱知识点
● 运用网络工具收集学情数据
● 运用思维导图工具呈现信息
● 运用数据编码原理剖析数字化学习
● 运用数字化工具处理多媒体数据
● 认识大数据对学习的意义
● 可视化表达大数据

图 4-1-3　学情数据与利用数据处理方法和技术工具解决问题的关系

【课程标准要求与内容价值】

课程标准明确了学生学习信息技术学科后应达成的正确价值观、必备品格和关键能力，是信息技术教师进行单元教学设计时的主要依据。

本案例属于高中信息技术必修 1“数据与计算”模块，对应课程

标准的内容要求 1.1、1.2、1.3，具体为"1.1 在具体感知数据与信息的基础上，描述数据与信息的特征，知道数据编码的基本方式""1.2 在运用数字化工具的学习活动中，理解数据、信息与知识的相互关系，认识数据对人们日常生活的影响""1.3 针对具体学习任务，体验数字化学习过程，感受利用数字化工具和资源的优势"，围绕学科大概念"数据"展开，主要核心概念为"数据、信息与知识""数据编码""数字化""大数据"。

本案例对应的学业要求是"学生能够描述数据与信息的特征，知道数据编码的基本方式；掌握数字化学习的方法，能够根据需要选用合适的数字化工具开展学习"。由此，学业质量水平方面体现了对学生在学业方面从"比较不同信息获取方法的优劣"，到"利用软件工具和平台对数据进行整理、组织与计算"，再到"运用合适的数字化工具进行信息处理"逐步上升的要求。

在信息时代，数据应该是人们提取信息、做出决策的重要依据。然而在现实生活中，学生往往习惯依赖个人经验和直觉做决策，而不是基于数据。本案例结合数字化学习的体验，引导学生从数据与信息的关系及数据编码技术两个方面提高信息意识，培养尊重客观事实、实事求是的科学态度，利用数据对学习进行决策。

为了更好地理解利用数字化工具处理数据的过程与方法，学生应了解数据编码技术，从本质上了解数字化特征，更好地利用数字化资源、数字化工具和数字化平台，最终更好地运用信息技术学习，形成未来社会发展的关键能力。案例围绕高中生学情数据、数字化学习的数据编码和数字化学习过程而展开。

学情数据是学生学习过程中的主要处理对象。学生通过学情数据（自己和同伴的）分析学习习惯、学习行为方面存在的问题信息，提升数字化学习的自主性；通过大平台学习评价报告，学会剖析自己的薄弱点，培养使用数字化工具的自觉性；通过探究剖析数据编码技术，体验应用数字工具开展学习的优越性，更好地理解数字化学习的本质，养成良好的数字化学习习惯，提高数字化生存能力。

【主题学情分析】

为了有效开展单元教学，我们需要诊断、评估和分析影响学生学习的各种因素。学情分析从学生学习本单元教学的"最近发展区"和"未来发展水平"两个方面探讨学生的学习状态。本主题的学情分析如下。

当代学生是数字原住民，每天接触大量的数据，对各种信息产品的应用耳濡目染。通过初中阶段的学习，学生掌握了上网搜索信息的方法，能根据需求主动获取信息。但他们对"数据、信息和知识"概念的界定和相互的关系缺乏系统的学习。对于广州学生，他们普遍体验过数字化学习的过程，也感受过数字化学习及数字工具的功能与优势。但他们对数字化学习往往只停留在工具软件的学习上，对数字化学习背后的原理，如数据编码、数字化工具的选择等，还缺乏系统认识和应用。这是学生本单元学习的"最近发展区"。

与初中相比，高一学生更需要强调基于数据的"主动"和"恰当"获取信息，他们需要在厘清数据、信息和知识相关关系的基础上，学会比较不同的信息源，获取与处理信息。对于"数字化学习"，高一学生更需要深层次理解数字化学习的本质，会选用适当的数字化工具或方法获取、组织、分析数据，并能迁移到其他相关问题的解决过程中。

"认识学情数据，助力数字化学习"单元学习主题来源于学生的学习行为，能激发他们对单元学习的学习兴趣。项目成果《促进高中生养成良好数字化学习习惯的对策》能使学生在数据的获取、信息的获取过程中反思自己的学习行为，由此养成良好的学习习惯。

素养导向的学习目标

　　素养导向的学习目标设计是对知识技能、过程与方法、情感态度与价值观的有机整合，关注学科知识背后蕴含的学科思想、方法、育人价值。

　　本案例主题活动中，学生通过对数字化学习习惯、行为和评价数据的案例剖析与实践，了解数字化工具中数据存储的一般原理与方法，理解数据、信息与知识的相互关系，合理选用数字化工具支持个人学习，实现知识建构，适应数字化学习与生活。

　　针对"信息意识"素养，单元学习主题要求学生能根据解决问题的需要，描述数据与信息的关系，自觉、主动地比较不同的信息源，寻求恰当的方式获取与处理信息；能根据解决问题的需要，甄别不同信息获取方法的优劣，并能利用适当途径甄别信息；能根据解决问题的需要，恰当选择数字化工具，具备信息安全意识。针对"计算思维"素养，单元学习主题中主要体现为按照问题解决方案，选用适当的数字化工具或方法获取、组织、分析数据，并能迁移到其他相关问题的解决过程中。在"数字化学习与创新"方面，单元学习主题主要体现为：在学习过程中，能评估常用的数字化工具与资源，根据需要合理选择；针对特定的学习任务，运用一定的数字化学习策略管理学习过程与资源，完成任务，创作作品。在"信息社会责任"方面，单元学习主题中主要体现为：在信息活动中，具有信息安全意识，尊重和保护个人及他人的隐私。本案例中素养导向的单元学习目标如表 4-1-2 所示。

表 4-1-2　案例 1 素养导向的学习目标

课程标准素养名称	单元学习目标	对应关系说明
A：信息意识 B：计算思维 C：数字化学习与创新 D：信息社会责任	目标a：通过对高一学生数字化学习现状的数据分析，理解数据和信息的概念与特征，能描述数据、信息和知识的关系。（A1：描述数据与信息的关系） 目标b：通过比较学生社科类和实验类创新大赛作品及设计《中学生数字化学习习惯现状调查》问卷，学会比较不同的信息源，掌握运用恰当的方式获取与处理信息。（A1：甄别特定任务下信息获取方法的优劣） 目标c：通过完成项目报告《促进高中生养成良好数字化学习习惯的对策》，掌握思维导图的绘制方法，能借助思维导图整理研讨内容。（C1：合理选择常用的数字化工具与资源；B1：选用数字化工具或方法获取、组织、分析数据） 目标d：通过完成项目报告《促进高中生养成良好数字化学习习惯的对策》，体验大数据的作用，能利用适当途径甄别信息，培养信息安全意识，学会尊重和保护涉及个人及他人隐私的数据。（A1：甄别信息；D1：尊重和保护个人及他人的隐私）	目标a：A1 目标b：A1 目标c：C1、B1 目标d：A1、D1

注：A1、B1、C1、D1 分别表示在各项学科核心素养水平 1 的表现。

　　上述单元学习目标体现的信息技术学科核心概念是"数据""大数据"，蕴含的学科思想与方法是"编码技术""数字化学习"，体现了"甄别信息""运用数字化学习策略完成特定的学习任务、创作作品"的关键能力以及"尊重和保护个人及他人的隐私""保护信息安全"的育人价值。

挑战性学习任务

【设计依据与价值分析】

挑战性学习任务是为了达成单元学习目标，围绕单元主题创设适合学生认知特征的活动情境。该活动情境体现学科核心概念和学科思想与方法的深化，能引导学生深度参与项目开发，发现并利用信息技术解决具体问题，形成项目作品，促进学生学科核心素养的发展。挑战性学习任务的设计通过设置任务群和问题链，引导学生在真实情境中经历一个完整的基于问题解决的项目开发过程。本案例的挑战性学习任务设计如表4-1-3所示。

表4-1-3　案例1挑战性学习任务（以第6课时为例）

课时	任务序号/名称	教学过程	评价建议
第6课时	任务1 认识大数据	问题1：为了提高学习效率，学校开展精准教学，定期推送个性化学习资源。个性化学习资源推送的依据是什么？ 体验分析：呈现网络学习平台中班级单元测试大数据报告，思考为什么每次测验、考试后平台能根据同学们存在的问题推送个性化练习资源。	—
	任务2 体验大数据的由来	问题2：个性化练习资源推送的数据是什么？与传统意义上的数据有什么区别？以什么方式呈现？	—
	任务3 探索大数据应用及特征	实践：分组体验"百度指数""高德地图指数""百度迁徙"和丁香医生等大数据平台，总结大数据的特征。	网络测试：大数据的含义、特征与大数据技术应用

续表

课时	任务序号/名称	教学过程	评价建议
第6课时	任务4 探讨大数据的应用及隐私保护	问题3：适合高中生管理知识和开展个性化学习的大数据平台有哪些？如何保护隐私？	项目活动整体评价
	任务5 项目活动	进一步完善项目作品《促进高中生养成良好数字化学习习惯的对策》。	——

持续性学习评价

【评价内容与方法】

本案例中，"数据""大数据"是单元的基本概念，"编码技术""数字化学习"是学科思想与方法，"甄别信息""运用数字化学习策略完成特定的学习任务、创作作品"是关键能力，"注意保护同学隐私""利用数据决策"是社会责任。基于上述分析，对照信息意识、计算思维、数字化学习与创新、信息社会责任确定的评价指标如表4-1-4所示。

表4-1-4 学科核心素养与评价指标

学科核心素养	评价指标
信息意识	1. 能否结合案例解释数据和信息的特征，并说明它们和知识的相互关系。 2. 能否通过网络调查平台发布问卷调查，获取信息。 3. 能否举例说出大数据的特征与大数据技术应用。

续表

学科核心素养	评价指标
计算思维	4. 能否用二进制表示信息。 5. 能否掌握字符、图像、声音等数据编码的原理。 6. 能否根据实际问题确定合适的信息获取策略。
数字化学习 与创新	7. 能否加工合成图像"良好数字化学习行为"，并录制音频。 8. 能否用思维导图工具提出促进本班同学良好自主学习习惯养成的措施。 9. 能否选择数字化工具制作项目报告《促进高中生养成良好数字化学习习惯的对策》。
信息社会责任	10. 主题是否明确，能否围绕项目"中学生数字化学习习惯"展开问卷调查，信息来源是否可靠。 11. 数据收集是否注意保护同学隐私。 12. 汇报思路是否清晰，语言是否简洁，能否引发同学对数字化学习习惯的反思。

【评价的方法】

为了检验单元目标是否达成，持续性学习评价贯穿单元学习的始终。评价目标和评价内容不同，评价方法也不一样。对于核心概念和学科思想与方法，网络测试法能有效评价学生对核心概念和学科思想与方法的掌握程度。项目评价表（小组互评、自评、他评和教师评价）能有效评价学生的关键能力及社会责任。在案例中，基于活动的评价方法如表4-1-5所示。

表 4-1-5　案例 1 基于活动的评价方法

需要评价的活动	评价建议（方案 1：针对任务/活动描述）
第 1 课时 （任务 3/4） 第 2 课时 （任务 1） 第 3 课时 （任务 2/3/4/5） 第 4 课时 （任务 1/2） 第 6 课时 （任务 3）	评价内容：针对特定的信息问题，理解数据和信息的概念与特征，能描述数据、信息和知识的关系，甄别不同信息获取方法的优劣，确定合适的信息获取策略。（信息意识）知道数据编码的基本方式，能够评估常用的数字化工具与资源。（数字化学习与创新） 评价指标：①能否结合案例解释数据和信息的特征，并说明它们和知识的相互关系；②能否根据实际问题确定合适的信息获取策略；③能否举例说出大数据的特征与大数据技术应用；④能否用二进制表示信息；⑤能否掌握字符、图像、声音等数据编码的原理；⑥能否掌握计算机处理字符的工作过程。 评价方法：网络测试。
第 1 课时 （任务 5） 第 2 课时 （任务 2/4） 第 3 课时 （任务 6/7） 第 4 课时 （任务 3） 第 5 课时 （任务 3/4） 第 6 课时 （任务 4/5） 第 7 课时 （任务 1/2）	评价内容：按照问题解决方案，选用适当的数字化工具或方法获取、组织、分析数据，并能迁移到其他相关问题的解决过程中。（计算思维）针对特定的学习任务，运用一定的数字化学习策略管理学习过程与资源，完成任务，创作作品。（数字化学习与创新） 评价指标：①主题是否明确，能否围绕项目"中学生数字化学习习惯"展开问卷调查，对所获得信息的可靠性做出正确判断；②能否通过网络调查平台发布问卷调查，是否注意保护同学隐私，能否用思维导图工具提出促进本班同学良好数字化学习习惯养成的措施；③能否加工合成图像"良好数字化学习行为"，并录制音频；④能否选择合适的工具如 PowerPoint、网页制作工具制作项目报告《促进高中生养成良好数字化学习习惯的对策》；⑤汇报思路是否清晰，语言是否简洁，能否引发学生对学习习惯的反思。 评价方法：项目活动评价量表。 赋值方法：划分为三个水平。 水平 1：项目主题无法凸显"学情数据"，能运用网络调查工具发布问卷，但没有注意保护同学隐私，思维导图缺乏必要内容或者可行性不强，图像、音频和视频加工技术不好，存在瑕疵。

续表

需要评价的活动	评价建议（方案1：针对任务/活动描述）
	水平2：项目主题体现"学情数据"，表达形式新颖，能运用网络调查工具发布问卷，注意保护同学隐私，思维导图稍有一定可行性，图像、音频和视频加工技术比较全面，视听效果较好。 水平3：项目主题突出"学情数据"，表达形式新颖，能运用网络调查工具发布问卷，注意保护同学隐私，思维导图的提出有理有据，图像、音频和视频加工技术全面，视听效果好。

开放性学习环境

本案例涉及的学习内容如"数据与信息""编码技术"等比较抽象，学生学习过程中对这些内容的理解感到比较困难。本案例以微课程作为学习资源，以自主学习任务单呈现任务群和问题链，以评价系统推动项目合作与评价，为学生开展单元主题学习提供有力支撑。

本案例的学习环境设计如下。

◆物理环境

（1）实验工具：摄像头、台式计算机。

（2）桌椅摆放：学生桌椅摆放为二人一组。

（3）展示工具：黑板、多媒体设备。

◆教学资源

（1）大数据个性化学习平台：在日常学习中，学生会使用网络平台大数据个性化学习平台完成课堂提问、作业和考试等。该平台通过基于云服务的 PC 及移动终端综合方案为师生提供有针对性的教学和个性化学习所需的信息化环境与服务。本单元结合网络学习平台让学生利用其中的大数据进行个性化学业分析，引导学生感受大数据的魅力。

（2）信息技术课程标准提出要针对具体学习任务，体验数字化习过程，感受利用数字化工具和资源的优势。本单元发挥现代信息技术和数字化学习资源优势，在网络学习平台上引导学生以小组为单位开展单元项目学习，并提交与项目相关的作品。

（3）学生优秀作品示范资源：高中生数字化学习现状调查问卷及数据、历年来学生参加创新大赛的作品。

（4）微课程资源：电子表格常用的统计数据的方法，思维导图工具的使用方法，有关计算机内部数据用二进制表示及其进位规则的资源，水银体温计、数字体温计等微课程资源。

反思性教学改进

【课前对以往教学的反思】

案例《认识学情数据，助力数字化学习》围绕学情数据展开，学情数据记录学生的学习过程与成果，是一种生成性资源。形式方面，包括数字、文字、图像、声音等。内容方面，围绕主题"认识学情数据，助力数字化学习"，涵盖了"数据"等学科大概念。学科思维方法方面，学生利用数据处理方法和技术工具完成项目报告《中学生数字化学习习惯现状调查》。单元结构方面，学情数据体现了单元结构化知识体系从数据现象到数据本质的逻辑关系。育人价值方面，学生通过收集、分析和应用学情数据，发现学习问题，寻求解决问题的方法，依据数据分析结果改进学习，提高学生数字化学习能力。

【课中对学生表现与设计效果的反思】

（1）基于微课程资源促进信息技术课程的深度学习。

信息技术课程的深度学习是学生逐渐建构知识网的单元学习过程。学生在学习过程中容易因为遗忘某个知识点或者技能，导致项目难以完成。在实施中，教师可借助网络学习空间的优势推送微课程资源，促进学生在单元主题学习中不断完善知识结构，从而学会在新的情境中迁移、运用和创新。

（2）基于真实情境教学，促进深度学习的发生。

活动与体验是深度学习教学的一项重要特征。活动强调创设真实情境，让学生作为主体参与其中。本案例的关键教学素材是"学情数据"，包括网络调查数据、图片数据和录音等，均来自同年级的学生。在线学习是学生亲身经历过的学习场景。在教学中把信息技术与学生的日常生活紧密结合起来，可以使信息技术学习真正发生。

【课后反思与改进】

（1）通过单元主题学习，可以实现信息技术学科的育人价值。

首先是学科思维方法方面，单元主题活动以"数据"大概念统整，让学生在收集数据的基础上进行分析和判断。这不但有利于培养学生的高阶思维，还可以促使学生养成尊重事实的严谨的科学态度和学习作风。其次是教学效果方面，作为一名高中生，独立意识加强，学习伙伴对他们的行为影响加强。单元学习以"认识学情数据，助力数字化学习"为主旨，开展学习活动，使学生亲历收集自己和同班同学的学情数据的过程，并分析原因、提出建议。这个过程能促使好的学习习惯在全班传播。

（2）持续性学习评价能保证单元主题学习持续高效开展。

单元主题学习的难点在于整个学习过程持续得太长，学生容易疲倦，容易偏离学习目标。持续性学习评价能促使学生的思维和能力得到螺旋上升式发展。在这个过程中，数字化教学环境能为持续性学习评价的开展提供有力支持。

"课时教学设计"示例如表4-1-6所示。

表 4-1-6　课时教学设计

第 6 课时	大数据帮你画像

1. 课时教材分析：

课程标准要求：①在具体感知的基础上，描述数据（包括大数据）的特征；②认识大数据对人们生活的影响。本节课内容包括"数据采集"和"大数据的特征和应用"两部分。在完成知识学习后，学生需要利用网络平台中学习评价数据的特征，反思自己的数字化学习习惯，进一步完善项目作品《中学生数字化学习习惯现状调查及对策研究》。

2. 课时学情分析：

本节课的教学对象是高一学生，他们具有较强的思维能力和自主探究能力。学校开展智慧课堂教学，学生每天接触很多数据，但是对于大数据的理解只停留在感性认识层面，缺乏运用大数据解决问题的意识。本节课需要引导学生改变"大量刷题复习"的习惯，养成利用大数据分析指导学习，利用网络平台中的数据，分析、判断找出自己的知识缺陷，并通过延展的变式题加深对知识的理解，完善自己的知识体系。

3. 课时学习重点：

大数据的特征和应用。

4. 课时学习难点：

运用大数据解决问题的意识。

5. 开放性学习环境：

①"网络学习"平台；②"百度指数"平台；③"高德地图指数"平台；④"百度迁徙"平台；⑤丁香医生大数据平台。

单元学习目标	6. 课时学习目标	对应关系说明
单元学习目标 4：通过完成项目报告《促进高中生养成良好数字化学习习惯的对策》，体验大数据的作用，能利用适当途径甄别信息，培养信息安全意识，学会尊重和保护涉及个人及他人隐私的数据。	①了解大数据的特征、大数据技术在学习领域的应用。	A1，D1
	②体验大数据对人们学习、生活的影响。	
	③结合大数据应用中的安全问题，培养合理使用大数据的安全意识。	
	④结合大数据特征，提出促进良好学习习惯养成新的方法，完善多媒体作品并交流。	

续表

第 6 课时	大数据帮你画像	
学习活动/任务名称	7. 课时教学过程	评价建议
任务 1 认识大数据	创设情境：呈现网络学习平台中班级单元测试大数据报告，思考为什么每次测验、考试后网络学习平台能根据同学们存在的问题推送相关的个性化练习资源。 引出新课：网络学习平台中的大数据个性化教学系统。	能体会大数据在学习中的应用。
任务 2 体验大数据的由来	学生实践：进入网络学习平台的个性化学习空间。 学生思考：网络学习平台反馈给我们哪些"数据"？这些数据从何而来？与传统意义上的数据有什么区别？以什么方式呈现？ 教师提出：网络学习平台可以通过收集班级历次考试数据，挖掘每个学生的知识薄弱点。那么如何利用这些数据进行复习呢？ 总结：通过大数据分析，网络学习平台实现个性化、基于知识图谱的学习诊断，不但可以帮助学生挖掘错题根源，还可以推送相匹配的微课程资源讲解和难度适中的习题资源供学生有针对性地学习。	能回答大数据的产生过程。
任务 3 实践大数据应用及特征	分组完成任务，实践大数据应用平台。 生活服务组：借助"百度指数"平台，分析"新高考"查询的需求图谱和需求人群画像，了解对"新高考"关注的人群。 智慧城市组一组：借助"高德地图指数"平台，了解广东省以及广州市的交通情况。 智慧城市组二组：借助"百度迁徙"平台，分析某年国庆广州市人口迁徙情况，尝试探索人口迁入和迁出的热点城市有何关联。	分组汇报大数据的作用、特征及保护隐私问题。 网络测试：大数据的含义、特征与大数据技术应用。

续表

第 6 课时	大数据帮你画像	
学习活动/任务名称	7. 课时教学过程	评价建议
	第四客户画像组：打开"某航空公司 2023 年大数据文件"，应用聚类算法程序对客户数据进行聚类分析，讨论不同客户群体的营销策略。 思考并回答： 1. 巨量的数据给社会和人们带来了哪些影响？有什么作用？ 2. 结合实践的案例说明大数据如何依赖计算机对此进行分析与整理。 总结大数据的特征：通过以上初步感受大数据的体验和个案分析，结合教材内容，师生归纳大数据的特征——巨量性、多样性、迅变性、价值性。	
任务 4 实践大数据分析	利用网络学习平台中的学习评价数据查看个人及班级学情分析报告，分析自己及班级在高一各学科学习中的薄弱知识点。	项目量表评价：体现学情数据促进个人或者同伴学习的意义。
任务 5 总结及项目活动	教师总结大数据隐私保护问题，学生利用网络学习平台中的学习评价数据的特征反思自己的数字化学习习惯，进一步完善项目作品《中学生数字化学习习惯现状调查及对策研究》。	

续表

第6课时	大数据帮你画像

8. 课时教学板书设计：

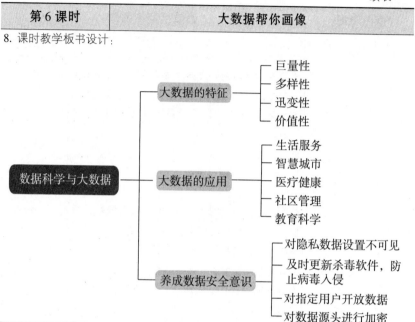

9. 课时作业设计：

利用网络学习平台的学习评价数据的特征反思自己的数字化学习习惯，进一步完善项目作品《中学生数字化学习习惯现状调查及对策研究》。

10. 课时教学反思（实施后填写）：

本节课的单元学习目标是通过大数据的应用案例探究，了解数据科学的兴起，感受大数据的应用价值，能描述大数据的特征，培养合理使用大数据的素养以及运用大数据解决问题的意识。

围绕学生的学情数据，本节课深入探讨了与学生有着紧密联系的学情数据。教师在课堂上借助网络学习平台的大数据平台，引导学生对学情数据进行统计分析，诊断出学习问题，依据数据分析结果，提出学习改进的方法策略。教学不但可使学生感受大数据的应用价值，还可以培养他们运用大数据解决问题的意识。

人工智能赋能美好生活

表 4-2-1　人工智能赋能美好生活

学科	信息技术	实施年级	高中一年级
课程标准模块	必修1"数据与计算"		
使用的教材	自拟单元		
单元名称	人工智能赋能美好生活		
单元课时	3课时		

引领性学习主题

引领性学习主题概括了单元教学的主旨内容，是单元教学设计的重要组成部分。在引领性学习主题中，应当突出本主题独特的学科核心素养发展价值。这种素养发展价值既包括依托于核心知识形成的学科思想与方法，也包括应当形成的正确的态度与价值观念。后续的活动和评价设计都应支持这种素养发展价值的实现。

本案例的引领性学习主题"人工智能赋能美好生活"可具体表述为：通过将典型的人工智能信息系统——人脸识别处理信息和解决问题的过程作为案例情境，引导学生深入了解人工智能技术，感受人工智能给社会各领域带来的巨大变化，思考人工智能可能会引发的社会问题及应对策略，进而完成"人工智能赋能美好生活"研究报告。其中，"数据""智能"是本单元的核心概念。

【主题知识结构】

知识结构的分析是单元教学设计的基础，通过知识结构的分析可以聚焦核心概念，梳理教学内容之间的关联，确定主要的研究对象。本案例中的主题知识结构如图 4-2-1 所示。

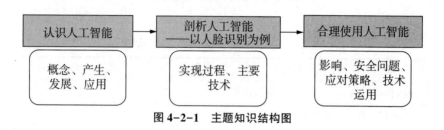

图 4-2-1　主题知识结构图

根据对本单元课程标准各项核心概念的分析，结合教材的具体内容，本单元从人工智能的相关概念和应用出发，围绕认识人工智能、剖析人工智能、合理使用人工智能构建本单元的知识内容结构（如图 4-2-2 所示）。

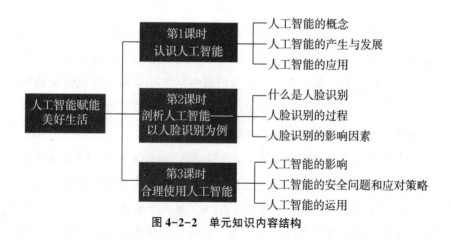

图 4-2-2　单元知识内容结构

【课程标准要求与内容价值】

课程标准明确界定了人工智能的学习要求。基于课程标准可以确定该模块人工智能学习内容中的核心概念，并对自行概括的核心概念进行佐证。

本案例属于高中信息技术必修模块 1 "数据与计算"，对应课程标准的内容要求 1.8，具体为 "通过人工智能典型案例的剖析，了解智能信息处理的巨大进步和应用潜力，认识人工智能在信息社会中的重要作用"。符合学业质量水平 1 中 "认识人工智能在信息社会中的重要作用""了解人工智能技术" 的内容，属于相对基础性的考查要求。对应的学业要求为 "了解人工智能技术，认识人工智能在信息社会中的重要作用"，主要培养学生学科核心素养水平 1 对应的计算思维和信息意识等具体内容。依据学科大概念 "数据、算法、信息系统、信息社会"，本单元将主要的核心概念界定为 "数据""智能"，主要是探究数据基础之上的人工智能的技术及应用。

要全面分析课程标准的学习要求，关注核心概念与思想方法的主要应用领域和相关探究的实验要求，以此作为挑战性学习任务设计的依据。

【主题学情分析】

做主题学情分析时，可以跨越课时，整体性地考查和了解学生对本主题内容的认识。除了分析知识基础外，还应特别关注本主题中学生对人工智能技术的实践应用能力，并结合一定的实证来诊断学生学习人工智能的障碍点。

本主题的学情分析如下：

学生在学习本课前，已经知道什么是数据和大数据，已经学习了程序设计语言，能够熟练打开程序进行分析。高中的学生具有一定的思维能力和自主学习能力，在生活中接触过一些人工智能的应用，形成了一定的实践经验，对人工智能相关技术和应用比较感兴趣，特别是对人脸识别有浓厚的兴趣和探究的欲望。

学生存在以下学习障碍点：

学生只是对人工智能有表面的体验认识，对人工智能及其相关技术的整体概念、人工智能技术实现过程、人工智能应用缺乏比较系统和科学的认识，他们渴望通过自主协作和探究学习进一步了解并合理使用人工智能技术。

从学生活动经验来看，设计的实验报告单具有开放性、不确定性等特点。人工智能课堂具有较强的情境性，涉及许多与实际生活相联系的问题，在为学生创设真实课堂情境、提供素材的同时，也要向学生呈现实际应用中的一些现实问题，引导学生面对综合、复杂的问题时，学会运用所学知识，探究并参与讨论。在探究过程中，加强高层次认知与思考的能力，培养科学态度与社会责任素养，提升信息素养。

素养导向的学习目标

课程育人具有整体性，素养导向的单元学习目标应当全面反映学科核心素养。同时单元学习目标的表述应当是可落实、可检测的，应当有核心知识和活动作为载体。这就需要在引领性学习主题的基础上，将学科核心素养具体化，挖掘主题学习内容独特的素养发展价值。

在主题活动中，学生通过人工智能典型案例的剖析，了解智能信息处理的巨大进步和应用潜力，认识人工智能在信息社会中的重要作用。针对"信息意识"，单元学习主题要求学生确定特定问题的信息获取策略；对于"计算思维"，在单元学习主题中主要体现为明确解决给定任务的关键问题，选用数字化工具或方法获取、组织、分析数据；在"数字化学习与创新"方面，单元学习主题主要体现为合理选择常用的数字化工具与资源；在"信息社会责任"方面，单元学习主题主要体现为运用简单的技术手段保护信息安全，自觉遵守信息法律法规和伦理道德规范。由此可以确定本案例中素养导向的单元学习目标，结果如表4-2-2所示。

表 4-2-2　案例 2 素养导向的学习目标

课程标准 素养名称	单元学习目标	对应关系说明
A：信息意识 B：计算思维 C：数字化学习与创新 D：信息社会责任	目标 a：通过人工智能应用实例，了解人工智能的概念，了解人工智能相关技术。 （B1：明确解决给定任务的关键问题） 目标 b：体验人工智能实现过程，理解智能工具处理信息和解决问题的过程。 （B1：明确解决给定任务的关键问题） 目标 c：知道人工智能的产生与发展，了解人工智能的安全隐患和防范措施。 （A1：确定特定问题的信息获取策略；D1：运用简单的技术手段保护信息安全） 目标 d：分小组进行协作、探究学习，根据要求进行实验探究，完成活动实验报告单。 （B1：选用数字化工具或方法获取、组织、分析数据；C1：合理选择常用的数字化工具与资源）	目标 a：B1 目标 b：B1 目标 c：A1、D1 目标 d：B1、C1

注：A1、B1、C1、D1 分别表示在各项学科核心素养水平 1 上的表现。

上述单元学习目标 a 指向人工智能等学科观念，结合人工智能典型案例了解人工智能的概念、技术；目标 b 和 d 指向研究过程与方法，强调通过分小组进行协作、探究学习，实现体验和问题分析等；目标 c 指向育人价值，强调人工智能技术的应用及其社会影响。这些单元学习目标从学科观念、研究过程与方法、育人价值等层面对引领性学习主题的素养发展价值进行了解析，目标间是彼此关联、相互支持的。

挑战性学习任务

【设计依据与价值分析】

挑战性学习任务强调"做中学"，因此要求"做"与"学"是紧密关联的，挑战性任务与核心知识、思想方法应当是匹配的。为了保证其一致性，在设计挑战性学习任务时，首先关注课程标准的相关要求。

案例的挑战性学习任务渗透在人工智能与生活实验分析报告研制过程中，该任务设计需要满足课程标准中的内容要求、学业要求，与本单元的核心知识、思想方法保持一致，合理整合子任务之间的相互联系。例如，在"探究影响人脸识别准确率的因素"子任务中，借助人工智能学习平台，学生以小组为单位开展人脸识别的实验活动，在经历了人脸识别的数据采集、模型建设、效果验证后，小组同学研讨并分析影响人脸识别准确率的因素，分析识别失败的原因及并提出改进意见。该子活动的开展也为学生进一步学习"机器学习"的内容打下了基础。

人工智能的时代已经悄然来临，人工智能技术及产品已经深入地影响到我们的生活，其中"人脸识别"作为人工智能的一个典型案例，贴近学生生活，可以充分调动学生的学习积极性。挑战性学习任务设计如表4-2-3所示。

表4-2-3　案例2挑战性学习任务（以第2课时为例）

课时	任务序号/名称	教学过程	评价建议
第2课时	活动1 认识人脸识别	教师演示人脸识别的过程。 提出问题：什么是人脸识别？为什么计算机能识别出老师但识别不出学生？人脸识别是根据什么输入，做出预测和判断？	课堂观察能否说出人脸识别成功或失败的原因。
	活动2 体验人脸识别	学生以小组为单位，运行"人脸识别程序文件夹"中的三个程序，尝试修改运行程序的顺序等，进行探究，完成探究实验报告单，体验人脸识别的过程。	主题活动整体评价。
	活动3 探究影响人脸识别准确率的因素	学生以小组为单位，通过对采集数据的次数对人脸识别准确性的影响的讨论、分析和实验，继续完成探究实验报告单，分析识别失败的原因并提出改进意见。	
	活动4 总结归纳	教师总结人脸识别技术。由人脸识别技术延伸到人工智能技术的综合运用，引导学生了解人工智能技术的发展情况，感受人工智能技术所带来的便利。 学生评价本节课内容，进一步完善实验报告单。	主题活动整体评价。

持续性学习评价

【评价内容与指标】

评价内容是对素养发展目标的具体化，评价指标是结合挑战性学习活动，对评价内容的操作化界定。本案例中，学生对人工智能概念的理解是基础；基于此剖析人工智能技术是关键；实验具有重要的方法价值；科学态度与社会责任指向学生正确价值观的养成。基于这样的考虑，从信息意识、计算思维、数字化学习与创新、信息社会责任四方面确定的评价指标如表4-2-4所示。

表4-2-4　学科核心素养与评价指标

学科核心素养	评价指标
信息意识	1. 能否知道人工智能的概念。 2. 能否养成记录、分析信息科技实验过程与结果的习惯。
计算思维	3. 能否通过对三个人脸识别程序的分析，对实验事实进行探究验证。 4. 能否综合运用多种方法分析影响人工智能准确性的因素。
数字化学习与创新	5. 能否结合生活中的应用设计使用人工智能技术的方法。
信息社会责任	6. 能否分析人工智能带来的安全问题并提出应对策略。 7. 能否认识人工智能在信息社会中的重要作用。

【评价的方法】

深度学习中的评价不应停留于诊断式，局限于甄别学生，更主要的是为了探查学生的认识，发现问题，调整教学，从而促进学生的学习。因此，比较理想的评价方法是在教学活动中，根据学生的表现进行评价，实现教学评的一体化。设计表现性评价时，应该根据学生学习活动的特点，选择评价的契机与具体方式。

在本案例中，基于活动的评价方法如表4-2-5所示。

表 4-2-5　案例 2 基于活动的评价方法

需要评价的活动	评价建议（方案 1：针对任务/活动描述）
第 1 课时 活动 2/3 第 2 课时 活动 2/3 第 3 课时 活动 2/3/4	评价内容：在日常生活中，根据实际解决问题的需要，恰当选择数字化工具，具备信息安全意识。（信息意识）按照问题解决方案，选用适当的数字化工具或方法获取、组织、分析数据，并能迁移到其他相关问题的解决过程中。（计算思维）在学习过程中，能够评估常用的数字化工具与资源，根据需要合理选择。（数字化学习与创新）认识人类信息活动需要信息法律法规的管理与调节，能自觉遵守信息法律法规、信息伦理道德规范。（信息社会责任） 评价指标：①能否通过分组开展探究活动，完成实验报告单，知道什么是人工智能，了解人工智能的产生、发展及典型应用。②能否体验人脸识别的过程，理解智能工具处理信息和解决问题的过程。③能否以小组协作、探究学习的形式，进行探究活动实验，完成探究活动实验报告单。④能否分组开展探究活动，完成实验报告单，了解人工智能的安全问题和应对策略，最终完成本单元的实验报告单。 评价方法：网络测试、项目活动评价量表。 赋值方法：划分为三个水平。 水平 1：基本无法理解人工智能的概念，无法区分什么是人工智能、什么不是人工智能，无法说出人工智能的产生、发展及典型应用，无法理解智能工具处理信息和解决问题的过程，无法说出人工智能的安全问题和应对策略，研究报告结构不完整。 水平 2：能初步理解人工智能的概念，知道人工智能的产生、发展及典型应用，知道智能工具处理信息和解决问题的过程，知道人工智能存在安全问题，研究报告，但是部分子任务完成得比较简单，有待改进。

续表

需要评价的活动	评价建议（方案1：针对任务/活动描述）
	水平3：能结合现实生活安全案件判断其是不是属于人工智能，清晰梳理出人工智能的发展脉络，能总结出智能工具处理信息和解决问题的过程，并能针对人工智能的安全问题提出应对策略，研究报告结构完整，且每一个子任务都能认真完成，做了各种探究和尝试，得出的实验结论有创造性，对人工智能应用安全给出较好的建议。

开放性学习环境

促使学生进行深度学习的教学，要为学生深度学习、应用知识解决问题的过程创造适宜的学习环境，包括学习场地、学习资源、学习共同体的设计与实现。学习场地的设计要根据学习内容的特点和学校设施情况选择信息技术专用计算机教室，根据学习任务和活动的开展过程分配学生小组合作，设计适宜小组合作的桌椅环境和合作指导方案。学习资源的设计包括设计辅助学生学习的计算机和摄像头等硬件设备；设计数字资源、学习软件等虚拟环境；设计匹配的学案、帮助文档、评价量表等支持系统。

本单元教学通过创设数字化学习环境，为学生提供丰富的课程资源。学生围绕单元学习主题自主学习、合作探究，提升创新实践能力。

反思性教学改进

反思是教学改进的核心，落点是对教学的优化改进。在人工智能赋能美好生活主题教学中，教师要反思自我与学生、教学内容及教学环境之间的关系，持续性地改进教学。

【课前对以往教学的反思】

在学情分析和以前教学案例分析中，教师发现单元教学设计和实施过程还存在着课程内容缺少深度剖析、所创设的任务情境对学生持续性学习支持不足等问题，后期教学还需在以下方面进行改进。

（1）人工智能的时代已经悄然来临，人工智能技术及产品已经深入地影响到我们的学习、生活、工作。以前的人工智能教学，只是局限于让学生体验人工智能的一些应用，如在线翻译、机器对弈、文字识别等，学生对人工智能概念只有很浅显的认识，没有对人工智能典型案例进行深入剖析，因而对人工智能关键技术的了解还不够深入。

在本单元教学中，教师选择了人工智能的一个典型案例让学生们进行剖析，此案例是计算机视觉（图像识别）的一项重要应用——人脸识别，以此作为切入点，引导学生学习人工智能的相关知识，了解智能信息处理的巨大进步和应用潜力，认识人工智能在信息社会中的重要作用，并同时认识到应用智能技术进行信息处理和应用的过程中会存在的安全隐患，提高信息安全等意识，进而提升信息意识。对人工智能背后简单的原理知识做进一步的剖析，如算法设计、数据采集与处理等内容也要合理融入其中，尤其是对于高中学生，这方面的内容确实需要进一步加强。

（2）创设真实情境，利用以下驱动性问题展开教学：人工智能是什么？人工智能是如何实现智能化，并应用人工智能技术帮助我们处理信息、解决问题的？人工智能存在哪些安全隐患？应如何合理地使用人工智能？为了让学生能更深入地学习人工智能的相关知识，教师可以给学生提供充分的自主探究空间，鼓励学生尝试探究，促进学生积极思考。

（3）围绕单元学习主题"人工智能赋能美好生活"，以小组形式完成研究报告，共 3 课时。

通过小组协作，探究学习，完成"人工智能赋能美好生活"研究报告。在教学中，设计了一些活动，主要目的是让学生了解人工智能的概念，了解人工智能相关技术，探究典型的人工智能系统实现过程，总结人工智能的优势、可能存在的安全隐患以及合理使用人工智能的方法。

【课上对学生表现与设计效果的反思】

（1）通过观察学生进行实验的过程，发现不同班级和水平的学生在进行实验探究时存在差异，部分学生只能从摄像头采集次数这个单一角度来分析人工智能识别的准确性，很显然并不全面，但也有部分班级的部分学生，可以从多个角度去探究、去分析，总结出了高质量的实验报告单。这说明观察学生动手实验的活动，能够有效探查和外显学生的思维，为教学调整提供证据。

（2）对于社会性科学议题的讨论，部分学生的说法比较笼统，一些观点照搬网络搜索的原文，缺少必要的材料支持。这说明在观察学生的讨论过程中，适时提供脚手架很有必要。

【课后对以往教学的反思】

（1）针对学生在实验探究中存在差异的问题，在实际教学中还需不断改进实验报告单，保证对学生有明确引导的同时，也设置一些开放程度高的探究供能力强的学生进行探究。同时在教学中加强教学巡视，发现高质量的实验报告单可保存起来，择机用希沃授课助手进行投屏分享。

（2）在实验过程中，部分学生还存在不能根据实验事实进行结果分析，实验现象的观察不深入的问题，在以后教学中可通过针对具体问题提供相应的分析案例，引导学生分析影响人工智能准确性的因素有哪些，并进一步进行实验验证。

（3）在实验过程中，需要给予学生充足的时间进行探究、展开讨论并形成自己的观点、理由，避免教师的观点先入为主，从而影响学生的科学决策。课前、课上及课后要统筹安排（如表4-2-6所示），课前让学生有所了解，课堂上引导学生在组内积极探究、思考，课后为学生提供资料的支持，帮助学生不断进步。

表4-2-6　课时教学设计

第2课时	剖析人工智能——以人脸识别为例
1. 课时教材分析： 本节课对应的课程标准要求是"通过人工智能典型案例的剖析，了解智能信息处理的巨大进步和应用潜力，认识人工智能在信息社会中的重要作用"。分析教材内容，本节课突出了通过剖析人工智能典型案例——人脸识别，结合程序设计，引导学生了解什么是人脸识别、人脸识别的过程和人脸识别的影响因素。	
2. 课时学情分析： 本节课的教学对象是高中一年级的学生，他们已经具备了一定的编程基础，同时该阶段的学生具有较强的思维能力和自主探究能力，在生活中接触过人工智能的一些应用，形成了一定的经验，对人工智能有浓厚的兴趣，但是大部分学生对人工智能只停留于感性认识，缺乏系统和科学的认识。 本节课遵循"以学定教、先学后教"的原则，以学生为主体，重视生活与技术的结合，设计了两个实验：实验一学习人脸识别的步骤与过程，实验二探究影响人脸识别的因素。以人脸识别为例，引导学生通过完成实验报告深入了解人脸识别，并通过分析人脸识别的实现过程，了解人脸识别的影响因素，从而了解人工智能的一些技术，进一步激发学生学习和探究新技术、新知识的积极性，提高他们综合应用信息技术的能力。	
3. 课时学习重点： 人脸识别的过程。	
4. 课时学习难点： 人脸识别技术。	

第 2 课时	剖析人工智能——以人脸识别为例

5. 开放性学习环境：

物理环境：

（1）实验仪器：摄像头、台式计算机。

（2）桌椅摆放：学生桌椅摆放为二人一组。

（3）展示工具：黑板、多媒体设备。

虚拟环境：

（1）评价系统："知新"教学评价系统。

（2）即时反馈工具：希沃授课助手。

（3）学生学习资源：微视频、帮助文档、课件。

（4）学生机实验环境：安装基于 TensorFlow 的人工智能相关库。

（5）学生实验程序：有关人脸识别的三个 Python 程序。

6. 课时学习目标：

（1）利用人脸识别程序，了解人脸识别的过程，掌握利用人脸识别技术解决问题的一般方法。

（2）了解人脸识别的影响因素及其解决方法，在实例体验中感受人工智能的魅力。

7. 课时教学过程：

学习活动/任务名称	教学过程（针对学习活动的关键环节描述）	评价建议
活动 1 认识人脸识别	创设情境：什么是人脸识别？示范用程序识别人脸的过程。 提出问题：为什么计算机能识别出教师，但识别不出学生？ 引出新课：人脸识别初探。	
活动 2 体验人脸识别	合作探究：两人一组体验人脸识别的过程。运行"人脸识别程序文件夹"中的三个程序，通过改变运行程序的顺序，分析人脸识别的过程。 学生思考：计算机是如何实现人脸识别的？学生完成探究实验报告单。 教师归纳：计算机进行人脸识别的过程是采集—训练—识别。 教师分析学生实验失败的原因，引出实验二。	根据实验报告单的要求进行探究实验，边实验边记录，完成探究实验报告单。通过剖析人脸识别过程，迁移对

续表

第2课时	剖析人工智能——以人脸识别为例	
活动3 探究人脸识别	合作探究：两人一组探究人脸识别的影响因素。 提出问题：采集到的人脸数据存储在计算机的什么部件中？ 学生讨论：人脸识别过程中的影响因素及其解决方法。学生完成探究实验报告单，教师评价部分小组的探究结果。	智能工具处理信息过程的了解。
活动4 人脸识别技术	讨论：人脸识别的三个阶段是什么？ 教师归纳：人脸识别的三个阶段。第一阶段是采集，人脸检测定位，图像预处理；第二阶段是训练，将采集到的每个人的脸部数据提供给训练器，得出其脸部特征向量；第三阶段是识别，采集要识别的人脸数据，抽取特征值，与特征库进行比对。	能说出人脸识别的三个阶段。
活动5 总结归纳与 评价反馈	教师总结：人工智能的研究领域非常广泛，这节课以人脸识别为例来学习人工智能技术。 教师归纳：列举人工智能技术。 学生利用网络平台评价系统评价本节课内容，进一步完善项目。	实验报告评价量表

8. 课时教学反思（实施后填写）：

本节课学生一直保持很高的学习兴趣，积极参与课堂的学习活动，课堂的学习氛围良好。所有小组都提交了实验报告单，较好地达成了学习目标。

人脸识别是人工智能在计算机视觉（图像识别）的一项重要应用，结合生活与技术，本节课以人工智能的一个典型案例——人脸识别为切入点进行剖析，精心设计了两个实验，引导学生通过分小组合作完成来探究实验知识的意义建构。

在实验过程中，为了使学生保持正确的思考方向，为学生搭建了实验的"脚手架"，使学生通过完成实验报告单，体验人脸识别的过程，探究影响人脸识别的因素，从而为后续内容的学习打下坚实的基础。

续表

第 2 课时	剖析人工智能——以人脸识别为例

在教学中，引导学生亲身体验，合作完成实验，调动学生已有知识，让学生从"人认识人"迁移到机器进行人脸识别从而获得人脸识别的经验。学生在实验的过程中，有可能成功，也有可能失败，鼓励学生学会分析成功或失败的原因。在实验过程中，针对学生课堂生成的问题，教师积极引导学生学会归纳总结人脸识别的过程，通过开放的探究实验，从不同的侧面探究影响人脸识别的因素有哪些。整节课既有教师的精心设计、引导和点拨，又有学生的积极参与、主动思考，充分体现了以教师为主导、以学生为主体的教学理念。

教师在进行试教的过程中也发现，虽然两个实验任务给了学生一些探究方向的指引，但是在完成实验的过程中，部分小组往往还能做出一些非常规的探究，提出并发现更多问题，对于学生这些创新性的学习，教师就需要突破常规的教学设计，有针对性地进行指导。

案例三

简易特色课程选课系统的设计与实现

表 4-3-1 简易特色课程选课系统的设计与实现

学科	信息技术	实施年级	高中一年级
课程标准模块	必修 2 "信息系统与社会"		
使用的教材	教育科学出版社		
单元名称	简易特色课程选课系统的设计与实现		
单元课时	7 课时		

引领性学习主题

引领性学习主题是对单元学习中核心知识价值的提炼，既反映学科本质和大概念，又要与真实世界和学生的基础与兴趣相联系，体现核心素养落实的具体化与整体化。学习主题要反映学科本质和大概念，促进知识的结构化、素养化，落实核心素养，有利于学生构建认知模型和经验图式。

本案例的引领性学习主题 "简易特色课程选课系统的设计与实现" 可以具体表述为："通过构建简易特色课程选课系统，开展探究搭建信息系统的综合活动。引导学生体验信息系统的开发与工作过程、信息系统的分析与设计以及信息系统的实现。"

本单元依据学科大概念 "数据、算法、信息系统、信息社会" 来展开，包括核心概念 "信息系统" "信息社会"，以及信息系统的开发过程、工作过程、相关的软件应用等内容，主要是探究设计实现小型信息系统的综合活动，从中进一步认识到信息系统的工作过程以及其在社会应用中的优势及局限性。信息系统的开发过程包括系统规划、系统分析、系统设计、系统实施、系统运行与维护五个阶段。设计与实现小型信息系统所涉及的应用软件和平台包括数据库、应用软件集成开发环境。信息系统和信息社会的关系主要体现在信息系统在社会应用中的优势和局限性。优势体现在实现信息资源的有效利用，有助于管理和决策的科学化，进行辅助管理控制，降低企业的人力和信息成本。局限性表现在信息系统设计缺陷会导致用户损失，信息系统受制于网络环境的安全因素，信息系统面临病毒攻击的风险，以及信息系统实施过程中隐藏的风险。

【主题知识结构】

本单元主题知识结构可以梳理为"信息系统的开发与工作过程""信息系统的分析与设计""信息系统的开发实现"这三部分。第一部分"信息系统的开发与工作过程"主要是从整体角度，基于已有的信息系统实例，学习信息系统的开发过程、工作过程及相关的软件和应用。第二部分"信息系统的分析与设计"则是以具体的信息系统开发实例，学习开发信息系统前的分析、设计和功能模块描述。第三部分"信息系统的开发实现"则是在第二部分的分析与设计后的信息系统的具体实现阶段，如环境搭建、界面设计、代码实现、调试完善等。本案例中的主题知识结构如图4-3-1所示。

围绕"简易特色课程选课系统的设计与实现"学习主题，本单元设计案例设计了以下主题活动，如图4-3-2所示。

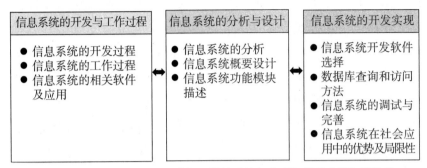

图 4-3-1 "简易特色课程选课系统的设计与实现"单元主题知识结构

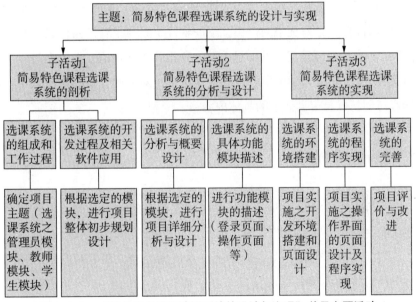

图 4-3-2 "简易特色课程选课系统的设计与实现"单元主题活动

【课程标准要求与内容价值】

本单元属于高中信息技术必修 2 "信息系统与社会"模块，对应课程标准的内容要求 2.5 "通过分析常见的信息系统，理解软件在信息系统中的作用，借助软件工具与平台开发网络应用软件"，以及课程标准的内容要求 2.8 "通过搭建小型信息系统的综合活动，体验信息系统的工作过程，认识信息系统在社会应用中的优势及局限性"。

本单元涉及的学业质量对应水平 2 "认识信息系统对人们生活、工作与学习的重要性，在信息系统构建与应用的过程中，能够利用已有经验判断系统可能存在的信息安全风险，主动运用规避风险的思想与方法"，以及 "通过构建简单的信息系统，知道信息系统的组成与功能，描述计算机、移动终端与软件的作用，能借助工具或平台开发网络应用软件"，这两点都属于应用性的考查要求。对应的学业要求为"理解软件在信息系统中的作用，借助软件工具与平台开发网络应用软件"，以及 "能构建简单的信息系统，积极利用各种信息系统促进学习与发展"，主要培养学生学科核心素养水平 1 对应的计算思维、数字化学习与创新以及信息意识的具体内容。

【主题学情分析】

开展主题学情分析时，需要考虑学生已有的学习经验，以及与要达成的课程标准的要求的差距。据此，本主题的学情分析如下。

当前高中学生具有一定的数字技术应用经验，在平时的生活和学习中经常接触各种各样的信息系统，如校园一卡通、考试管理系统、图书管理系统和选课系统等。通过前面信息系统相关知识的学习，学生已了解信息系统的组成与功能，学习了计算机系统的组成，初步掌握了无线网络和基于物联网信息系统的搭建。学生对于信息系统的组成有整体的认识，而对于如何设计和开发信息系统、信息系统的工作过程并不了解。高一学生已具备一定的抽象思维和学习迁移能力，能够在老师的指导下进行小组探究学习。学生基本熟悉项目学习的过程，能以小组形式分工合作，进行任务规划和实施，开展项目式学习。

素养导向的学习目标

依据学科课程标准核心素养要求、内容要求和学业质量水平要求，结合学生学情和教学内容，明确学生经过单元学习后应达成的预期学习结果，使得学科核心素养的培养具体化。

在本主题学习中，学生构建简易特色课程选课系统，体验信息系统的开发与工作过程、信息系统的分析与设计以及信息系统的实现。

在信息意识方面，在本主题中引导学生从实际生活中发现项目素材，培养学生将问题求解与信息技术相关联的意识，使学生认识到信息系统在社会应用中的优势及局限性。

在计算思维方面，通过"简易特色课程选课系统的设计与实现"的项目式学习让学生在信息系统的搭建过程中不断经历分析思考，采用计算机可以处理的方式实践解决问题、调试完善、优化系统的过程，从而提升计算思维。

在数字化学习与创新方面，为学生创设数字化学习环境和活动，引导学生利用数字化资源和工具设计与实现简易特色课程选课系统。

在信息社会责任方面，在主题中主要体现为能够利用已有经验判断系统可能存在的信息安全风险，主动运用规避风险的思想与方法。

从本学科核心素养角度出发，结合课程标准的学习要求，确定本案例的单元学习目标，结果如表4-3-2所示。

表 4-3-2 案例 3 素养导向的学习目标

课程标准素养名称	单元学习目标	对应关系说明
A：信息意识 B：计算思维 C：数字化学习与创新 D：信息社会责任	目标 a：掌握可视化环境中创建数据表的方法，能积极利用各种信息系统促进学习与发展。（C1：合理选择常用的数字化工具与资源） 目标 b：理解软件在信息系统中的作用，能够描述信息系统可行性分析的方法，能够对一个简单功能模块进行概要设计，能够绘制常用信息系统的功能层次图。（B1：抽象处理和形式化表述问题） 目标 c：能构建简单的信息系统，知道信息系统的组成与功能，能描述计算机、移动终端与软件的作用，能借助工具或平台开发网络应用软件。（B1：设计解决问题的算法，用编程或数字化工具实现。C1：运用数字化学习策略完成特定的学习任务、创作作品） 目标 d：认识信息系统对人们生活、工作与学习的重要性，在信息系统构建与应用的过程中，能够利用已有经验判断系统可能存在的信息安全风险，主动运用规避风险的思想与方法。（A1：具备信息安全的意识。D1：采用简单的技术手段，保护数据、信息以及信息设备的安全）	目标 a：C1 目标 b：B1 目标 c：B1、C1 目标 e：A1、D1

注：A1、B1、C1、D1 分别表示在各项学科核心素养水平 1 上的表现。

挑战性学习任务

【设计依据与价值分析】

深度学习的挑战性学习任务由"学习情境、驱动性问题、任务流程、学习内容及其操作要求等组成"。教师要把学习任务设计得能激发学生的兴趣，突破教学重点和难点，引发学生的探究性学习，从而帮助学生自我参与、自主建构、合作交流、自主反思，使其成为培养学生学科核心素养的有效路径。

本单元让学生通过体验信息系统的设计与开发，了解从现实世界中明确的主题任务，形成对信息的敏感度和信息价值的判断力，进而分析项目目标与可行性。同时通过团队合作，围绕项目进行自主、协作学习，开展探究活动，提升信息获取、处理与应用、创新能力。通过分析应用信息系统解决问题的优势与局限，可以让学生提高信息安全等意识，进而提升学生的信息意识、计算思维、数字化学习与创新和信息社会责任的学科核心素养。本单元教学通过创设数字化学习环境，为学生提供丰富的课程资源。学生围绕单元学习主题自主学习、合作探究，提升创新实践能力。（如表4-3-3所示）

表4-3-3　案例3挑战性学习任务（以第3课时为例）

课时	活动/任务	教学过程	评价建议
第3课时　简易特色课程选课系统的开发1	任务1	学生通过微课程学习资源自主学习，了解简易选课系统的开发环境需要做好哪些准备，并完成以下开发实践活动： 1. 选课系统开发环境准备。 2. 根据所选项目主题（管理员模块、教师模块或学生模块），创建简易选课系统的新项目文件。 3. 实现简易选课系统不同模块的登录界面的制作。	能实现开发环境准备，知道新项目文件和登录界面的制作方法并完成实践活动。
	任务2	探究问题：简易选课系统的登录界面和其他界面如何实现相互访问？ 学生通过自主探究，讨论、理解代码的作用，并完成简易选课系统的路径配置。	能说出路径配置代码的作用并完成路径配置。
	任务3	探究问题： 1. 登录界面有哪些功能？（回顾第2课时的功能模块设计） 2. 登录界面涉及哪些数据？这些数据分别是哪种类型的数据（数值、文本、日期等）？ 3. 具体功能实现需要用到什么软件和方法？ 学生针对不同的项目主题，思考探究以上问题，学习创建管理员（或教师、学生）信息数据表的实现方法，并录入初始用户数据。	掌握创建信息数据表的实现方法，并能根据具体主题创建数据表以及录入初始用户数据。
	任务4	思考：如何查询数据库数据并将结果反馈到系统交互页面？（以登录页面为例，用户输入用户名和密码后，如何判断密码是否输入正确？） 学生完成数据库数据的查询功能。 每个项目主题选一名学生代表进行展示交流，教师点评、补充，进行难点解疑。	项目评价量表评价（选课系统的开发）。

持续性学习评价

【评价内容与指标】

　　本案例中，"信息系统""信息社会"是本单元的核心概念，"信息系统功能模块组成""信息系统中的数据处理"等是知识结构，"信息系统需求分析""构建简单的信息系统""积极利用各种信息系统促进学习与发展"是关键能力，"判断系统可能存在的信息安全风险""主动运用规避风险的思想与方法"是社会责任。基于这样的考虑，从信息意识、计算思维、数字化学习与创新、信息社会责任四方面确定的评价指标如表4-3-4所示。

表4-3-4　学科核心素养与评价指标

学科核心素养	评价指标
信息意识	1. 能否意识到信息系统中存在安全风险。
计算思维	2. 能否描述信息系统的开发过程。 3. 能否描述信息系统的功能模块设计。
	4. 能否根据问题需求，选择合适的信息系统开发应用软件。
数字化学习与创新	5. 能否选用适当的应用软件，设计与实现简单信息系统。 6. 能否利用数据库插入、查询等操作，实现信息系统的数据操作。
信息社会责任	7. 能否利用所有知识、技能判断系统可能存在的信息安全风险，主动运用规避风险的思想与方法。

【评价的方法】

在教学活动中，根据学生的表现进行评价，实现教学评的一体化。设计表现性评价时，应该根据学生学习活动的特点，选择合适的评价方式。在本案例中，基于活动的评价方法如表 4-3-5 所示。

表 4-3-5 基于活动的评价方法

需要评价的活动	评价建议（方案 1：针对活动/任务描述）
第 2 课时 活动 1/2/3	评价内容：理解软件在信息系统中的作用，能够描述信息系统可行性分析的方法，能够对一个简单功能模块进行概要设计，能够绘制常用信息系统的功能层次图。(计算思维) 评价指标：①能否描述信息系统的开发过程；②能否描述信息系统的功能模块设计。 评价方法：项目评价量表评价。(需求分析报告和功能设计) 赋值方法：划分为三个水平。 水平 1：选课系统可行性分析不恰当，基本没有分析选课系统的功能结构模块和数据关系。 水平 2：能运用一定的数据资料论证选课系统开发的可行性，能分析选课系统的功能结构模块和数据关系，并指出各个功能模块的作用。 水平 3：能运用大量的数据全面论证选课系统开发的可行性，能合理分析选课系统的功能结构模块和数据的关系，恰当描述各个功能模块的作用及实现方式。

续表

需要评价的活动	评价建议（方案1：针对活动/任务描述）
第2课时 活动2 第3课时 活动1/3/4 第4课时 活动1/2/3 第5课时 活动1/2	评价内容：能构建简单的信息系统，知道信息系统的组成与功能，能描述计算机、移动终端与软件的作用，能借助工具或平台开发网络应用软件。（计算思维，数字化学习与创新）认识信息系统对人们生活、工作与学习的重要性，在信息系统构建与应用的过程中，能够利用已有经验判断系统可能存在的信息安全风险，主动运用规避风险的思想与方法。（信息意识，信息社会责任） 评价指标：①能否根据问题需求，选择合适的信息系统开发应用软件；②能否选用适当的应用软件，设计与实现简单信息系统；③能否利用数据库插入、查询等操作，实现信息系统的数据操作；④能否意识到信息系统中存在安全风险；⑤能否利用已有经验判断系统可能存在的信息安全风险，主动运用规避风险的思想与方法。 评价方法：项目评价量表评价。（实验报告单、选课系统开发、汇报交流） 赋值方法：划分为三个水平。 水平1：能创建简单登录界面，能创建数据库，能创建数据表，基本没有或者录入了少量数据；基本没有实现选课系统登录界面的功能。 水平2：能创建登录界面，能创建数据库，能创建数据表并录入数据；能利用数据库查询语句查询选课系统中的数据，能实现选课系统登录界面的功能；能描述选课系统可能存在的信息安全风险。 水平3：能创建登录界面，能创建数据库，能创建数据表并录入数据；能利用查询语句查询选课系统中的数据，能实现选课系统登录界面的功能，完成选课系统某一功能模块的项目作品；能描述选课系统可能存在的信息安全风险并提出预防和规避的建议。

开放性学习环境

开放性学习环境是指向深度学习的教学实践模型的要素之一。课堂活动任务有丰富多样的学生自主探究、自主参与的环节，因此需要通过人文环境、物理环境与虚拟环境的开放性学习环境设置，为深度学习的开展和落实提供有效支持，如学习场地、学习资源、学习反馈平台的设计等。本案例的学习环境设计包括物理环境和虚拟环境。

◆物理环境

（1）实验工具：台式计算机、实验报告单、项目活动评价量表。

（2）空间布局：学生桌椅摆放为六人一组。

（3）展示工具：黑板、希沃一体机。

◆虚拟环境

（1）评价系统："知新"教学评价系统。

（2）学习支撑：极域电子教室、问卷星。

（3）学生学习资源：微课视频、学案、硬件使用文档、课件。

（4）学生机实验环境：安装了 Django、PyCharm 软件、Navicat Premium 数据库管理工具等软件的计算机系统。

反思性教学改进

本单元教学设计的目的是要引导学生从实际生活中发现项目素材，改变以往过于注重"模仿操作"的学习过程。教学中，通过课前、课中、课后的教学反思可持续改进教师"教"和学生"学"的方法与策略，促进学习目标的达成。

【课前对以往教学的反思】

新课程提倡项目式学习，项目的价值在很大程度上"还原了学习的本质"。因此，本单元希望从以下几个方面进行改进。

（1）项目来源基于真实的情境。基于真实情境的学习能促进学生对信息问题的敏感性、对知识学习的掌控力、对问题求解的思考力的发展。本单元"简易特色课程选课系统的设计与实现"项目案例来自学生的真实生活。在真实情境中完成项目，不仅有助于学生达成对单元知识的学习，而且也能够培养学生解决现实问题的能力。

（2）以学生学习为主体，以项目整合课堂教学。本案例以学生学习为主体，通过项目学习整合课堂教学。学生在教师引导下，通过"简易特色课程选课系统的设计与实现"的项目式学习让学生在信息系统的设计与实现过程中不断经历分析思考，采用计算机可以处理的方式实践解决问题、调试程序、完善解决问题的方案。

（3）以单元统领知识结构。本案例以单元设计统领知识结构。依据课程标准及教材，在真实情境中围绕项目主题、知识技能、学习活动等选择学习资源，并以结构化的方式组织单元学习内容。

【课上对学生表现与设计效果的反思】

（1）个别小组对于项目式学习的开展存在困难。因此，教师要对项目小组进行引领及调节，依据学生的学习习惯、学习态度、学习能力、学习风格等分组、每组4—6人，尽可能做到"组内异质、组间同质"。在项目实施的过程中遇到困难，鼓励小组长带领组员想方设法解决问题。若无法解决，可向教师寻求帮助。如是组间的共性问题，教师要及时提出，并给予指导。教师要鼓励学生多动手、多动脑、多尝试、多交流。要及时对项目进行跟踪，并根据进展情况做出动态调控。

（2）学生在项目实施过程中，对部分知识点的掌握还不到位，特别是对于信息系统设计与实现过程中的数据库操作，学生是第一次接触，而内容相对比较抽象，学生在有限的时间内难以理解和消化。因此，在教与学的过程中，有针对性地设计了学生活动，并借助数字化学习工具开展实践探究活动，从而让学生更加容易理解相关知识点。

（3）学生的展示交流比较表面化、简单化。如学生代表进行展示时，往往只停留在简单介绍实现了哪些功能，对于其中会遇到哪些困难、可采用什么方法解决、可通过什么技术手段实现什么功能，还需要在教师引导下进行，从而实现深度学习、深度思考，进行有深度的表达和展现。

【课后对以往教学的反思】

本单元通过构建简单的信息系统，借助软件工具与平台开发网络应用软件，体验信息系统的工作过程，认识信息系统在社会应用中的优势及局限性。整个单元围绕"简易特色课程选课系统的设计与实现"这一引领性主题，通过构建简易特色课程选课系统，学生以小组为单位体验与学习信息系统设计与开发过程。在教师主导下激发和保持学生的学习兴趣，突出学生的主体地位，创造性地运用教学方法，营造和谐、民主、宽松的课堂教学氛围。引导学生合作完成项目实验，提高实验完成度。比如，在各个课时的学习中，通过实现选课系统学生登录界面功能模块，让学生能初步了解信息系统的设计与实现过程，并在自主探究和合作学习过程中，形成自主构建知识体系的能力（如表4-3-6所示）。

本课中选课系统的设计主要还是为了促进学生对信息系统的学习。学生在设计与实现过程中，主要以体验为主，依据课程标准发展学生学科核心素养，并不要求学生掌握很复杂的信息系统知识与技能。

表 4-3-6 课时教学设计

第 3 课时	简易特色课程选课系统的实现

1. 课时教材分析:

本节课对应的课程标准要求是"通过分析常见的信息系统,理解软件在信息系统中的作用,借助软件工具与平台开发网络应用软件"、"通过搭建小型信息系统的综合活动,体验信息系统的工作过程"。本节课以简易特色课程选课系统的搭建与实现为例,理解软件在信息系统中的作用,知道信息系统的数据处理流程,体验信息系统的工作过程。

2. 课时学情分析:

本节课的教学对象是高中一年级的学生。学生已经具备了一定的编程基础,同时具有较强的思维迁移能力和自主探究能力,能够在老师的指导下进行小组探究学习,开展项目式学习。学生通过前面课时的学习,完成了信息系统前的分析、设计和功能模块描述,为本节课进入信息系统的实现做好准备。

3. 课时学习重点:

信息系统的工作过程。

4. 课时学习难点:

信息系统的工作过程。

5. 开放式学习环境:

物理环境:

台式计算机、黑板、希沃一体机、计算机网络。

虚拟环境:

(1) 数字资源:微课程学习资源、网络问卷。

(2) 软件工具:Django、PyCharm 软件、NavicatPremium 数据库管理工具等。

(3) 信息平台:"知新"教学评价系统。

6. 课时学习目标:

(1) 理解软件在信息系统中的作用。

(2) 通过简易特色课程选课系统的搭建与实现,知道信息系统的数据处理流程,进而体验信息系统的工作过程。

7. 课时教学过程:

续表

第 3 课时	简易特色课程选课系统的实现	
学习活动/ 任务名称	教学过程	评价建议
活动 1 开发环境的搭建与 项目创建	［环境的准备及登录页面创建］ 学生通过微课程学习资源自主学习，了解简易选课系统的开发环境需要做好哪些创建准备，并完成以下开发实践活动。 1. 简易选课系统开发环境准备。 2. 根据所选项目主题（管理员模块、教师模块、学生模块），创建简易选课系统的新项目文件。 3. 实现简易选课系统选定项目主题模块的登录界面的制作。 学生通过自主学习，了解开发简易选课系统需要提前做好哪些开发环境准备，并完成开发环境的搭建。 学生通过微课程学习资源自主学习，了解系统交互页面的创建方法，并创建 HTML 文件（登录界面 login.html 和登录结果界面 result.html）。 学生根据选定的项目主题模块（管理员模块、教师模块、学生模块），实现简易选课系统选定项目主题模块的登录界面的制作。	知道开发简易选课系统所需要的软件和环境配置，了解系统交互页面的创建方法。

续表

第 3 课时	简易特色课程选课系统的实现	
学习活动/ 任务名称	教学过程	评价建议
活动 2 设置访问路径，了解交互的设置方法	[探究实践：登录界面访问路径设置] 探究问题：简易选课系统的登录界面和其他界面如何实现相互访问？ 学生参照学习学案指引，探究利用 mysite 目录下的 settings.py 和 urls.py 以及 myapp 目录下创建的路径文件进行配置，并讨论、理解程序中代码的作用，总结配置方法。	了解信息系统交互的设置方法。
活动 3 创建访问数据表，学习数据存储方法	[探究实践：登录界面的功能实现] 探究问题： 1. 登录界面有哪些功能？（回顾第 2 课时的功能模块设计） 2. 登录界面涉及哪些数据？这些数据分别是哪种类型的数据（数值、文本、日期等）？ 3. 具体功能实现需要用到什么软件和方法？ 学生回顾前面学习的简易特色课程选课系统的数据类型和数据关系，并根据教师提供的数据表实例观察、分析数据表（Django 自带的 SQLite3 数据库引擎创建的数据表为例）。 学生针对不同的项目主题，思考探究以上问题，探究学习创建管理员（或教师、学生）信息数据表的实现方法，并录入初始用户数据。 教师讲解归纳数据库中数据表的创建及数据类型的知识点，以及数据的存储方法。	能掌握数据库数据表的方法，说出数据表有哪些常见的数据类型，录入数据。

续表

第 3 课时	简易特色课程选课系统的实现	
学习活动/ 任务名称	教学过程	评价建议
活动 4 数据查询功能实现， 了解系统数据的处理过程	[操作实践：登录界面数据查询功能实现] 思考：如何查询数据库数据并将结果反馈到系统交互页面？（以登录页面为例，用户输入用户名和密码后，如何判断密码是否输入正确？） 学生探究数据库数据查询功能，讨论学习 SELECT 语句的使用，并实现登录界面的功能。	能利用 SELECT 语句查询数据，实现登录界面的功能，完成某一功能模块的项目作品。
活动 5 课堂展示小结	不同的项目主题模块，请一个小组作为代表，展示其登录界面的创建和功能实现，总结归纳、运用到的数据库知识，说明信息系统的数据处理过程和工作过程。	通过展示反馈小结，能说出数据表创建方法和登录功能实现方法，说清楚信息系统的数据处理过程和工作过程。

8. 课时教学反思（实施后填写）：

本节课学生以小组为单位初步学习信息系统实现的过程，体验信息系统的工作过程。学生在教师引导下，思考探究问题，并借助教材、学案或教学资源进行探究学习，理解软件在信息系统中的作用，并实现所选项目主题模块的页面和功能实现，充分体现"以学生为主体"，促进学生主动探究问题和解决问题，从而达到深度学习。

智能小车的设计与制作

表 4-4-1　智能小车的设计与制作

学科	信息技术	实施年级	高中二年级
课程标准模块	选择性必修模块 6 "开源硬件项目设计"		
使用教材	自拟单元		
单元名称	智能小车的设计与制作		
单元课时	10 课时		

引领性学习主题

本案例"智能小车的设计与制作"引领性学习主题可以具体表述为："针对运输中的现实需求，设计智能小车作品开发方案，选择恰当的开源硬件，利用开源硬件、相关组件与材料，完成作品制作，优化、完善项目作品的设计方案，践行开源与知识分享的精神，理解保护知识产权的意义。"本单元涉及基于开源硬件的系统开发和作品数据的采集、处理、输出与调控，依据学科大概念"数据、算法、信息系统、信息社会"，本单元主要的核心概念为"信息系统""数据"，主要是探究以信息系统为基础的开源硬件的设计及制作，属于为学生个性化发展而设计的内容，主要培养学生学科核心素养水平 2 对应的信息技术学科核心素养。通过本单元的学习，学生能了解开源硬件项目制作的基本流程，感受开源硬件在激发创新思维和培养动手能力方面的优势，初步形成以信息技术学科方法观察事物和求解问题的能力。

【主题知识结构】

知识结构的分析是单元教学设计的基础，通过知识结构的分析可以聚焦核心知识，梳理教学内容之间的关联，界定学习目标。根据对本单元课程标准的分析，提炼其关键内容。结合教材的具体内容，本单元要求学生从一个开源产品设计与制作者的角度出发，完整经历作品设计、功能实现和迭代优化的过程（如图 4-4-1 所示）。

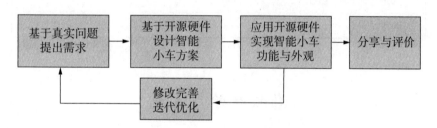

图 4-4-1　开源项目的设计与制作流程

按照"需求分析—方案设计—功能实现—分享评价"的制作流程，将开源项目设计的概念、实现的技术与方法、项目的评价与迁移融入本单元学习主题，因此本单元案例的知识结构如图 4-4-2 所示。

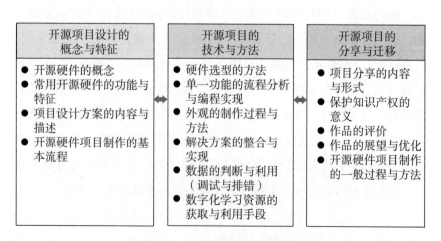

图 4-4-2　单元结构化知识体系

【课程标准要求与内容价值】

　　课程标准概括化地阐述了最重要的教学内容及其价值。基于课程标准，可以确定学科核心概念，或者对自行概括的学科核心概念进行佐证。

　　本单元属于高中信息技术选择性必修模块 6 "开源硬件项目设计"，对应课程标准的内容要求 6.3 至 6.8，具体为 "设计智能小车的作品开发方案" "选择恰当的开源硬件" "利用开源硬件、相关组件与材料，完成作品制作" "利用开源硬件的设计工具或编程语言，实现作品的各种功能模块" "测试、运行作品的数据采集、运算处理、数据输出、调控执行等各项功能，优化'设计方案'完善项目作品的设计方案，践行开源与知识分享的精神，理解保护知识产权的意义"。符合学业质量水平 2 "认识信息系统对人们生活、工作与学习的重要性" "通过构建简单的信息系统，知道信息系统的组成与功能" 的内容。本单元对应的学业要求为 "知道基于开源硬件进行项目设计的一般流程，能将其应用于实际项目中，根据事物的特点进行一定的抽象，设计符合事物特性的系统；能利用各种材料、开源硬件与软件实现所设计的项目方案，能利用开源硬件的设计工具、编程语言实现外部数据的输入、处理，利用输出数据驱动执行装置的运行"。

　　按照课程标准的相关要求，关注本单元的基本概念，分析单元学习内容的主要应用领域和相关探究实验活动，以此作为挑战性学习任务设计的依据。

【主题学情分析】

　　本主题的学情分析如下。

　　学生已经学习了程序设计的基本知识，能针对问题编写简单程序来解决，对编程语言具有一定的认识和掌握，有一定的编程经验。

选修本模块的学生对开源硬件有一定的兴趣爱好并容易产生个性化的想法，希望在相关技术的支持下将创意转变为现实。本单元以智能小车的设计与制作为主题，开展探究和创新活动，能促进他们形成以信息技术学科方法观察事物和求解问题的能力，提升计算思维水平。

在本单元中，学生需要在完成智能小车的基础性功能的前提下，继续完成教师提出的开放性学习任务，提出本小组的个性化功能需求，完善作品个性化设计方案，并能恰当运用开源硬件和软件工具实现开源硬件项目的功能开发，懂得利用多种材料或工具设计、制作作品外观，实现个性化的发展目标。

学生存在的学习障碍点是学生平时对开源硬件接触不多，对开源硬件作品的设计与制作经验较少，跨学科融合实践能力可能不足，因此容易产生迷茫和畏难情绪。

开源硬件项目来源于真实情境中的实际问题，需要学生主动思考和实践，能较大限度地培养学生运用跨学科（信息技术、科学、数学、物理、工程、人文艺术等）知识与技能解决问题的能力。在观察到学生产生困惑或畏难情绪后，教师需要及时给予学生有效的资源支持和策略支持，发挥小组合作的优势，营造轻松、开放的作品制作氛围。

素养导向的学习目标

课程育人具有整体性，素养导向的单元学习目标应当全面反映学科核心素养。同时单元学习目标的表述应当是可落实、可检测的，应当以核心知识和活动作为载体。这就需要在学情分析的基础上，将学科核心素养具体化，挖掘本主题学习内容独特的育人价值。

通过主题活动，学生要设计智能小车的作品开发方案，选择恰当的开源硬件，利用开源硬件、相关组件与材料，完成作品制作，优化、完善项目作品的设计方案，践行开源与知识分享的精神，理解保护知识产权的意义。结合学科核心素养，确定本案例的单元学习目标，结果如表 4-4-2 所示。

表 4-4-2　案例 4 素养导向的学习目标

课程标准 素养名称	单元学习目标	对应关系说明
A：信息意识 B：计算思维 C：数字化学习与创新 D：信息社会责任	目标 a：通过设计智能小车，学会设计基于开源硬件的作品方案，学会描述作品各组成部分及其功能，分析作品功能实现的逻辑关系。（A3：针对复杂的信息问题进行需求分析，综合判断信息，确定问题解决路径；B2：能运用形式化方法描述较为复杂的问题） 目标 b：通过智能小车作品的制作，掌握开源硬件作品的设计与制作流程。（B1：明确解决给定任务的关键问题；C2：针对较复杂任务，能快速搜索、获取和甄别学习资源，形成个性化作品） 目标 c：通过智能小车调试数据采集、处理、输出和调控，掌握常用的调试、排错和迭代完善的过程与技巧。（A2：甄别信息，判断其核心价值；B2：正确区分问题解决中涉及的各种数据） 目标 d：通过智能小车作品交流与评价，践行开源与知识分享的精神，理解保护知识产权的意义。（A1：能选择恰当的方式进行有效的交流；D2：理解并自觉遵守信息法律法规和伦理道德规范）	目标 a：A3、B2 目标 b：B1、C2 目标 c：A2、B2 目标 f：A1、D2

注：A1、A2、A3、B1、B2、C2、D2 分别表示在各项学科核心素养水平上的表现。

上述单元学习目标 a 指向基于信息系统的开源硬件作品的知识与技能，结合智能小车展开作品设计、功能实现的实践；单元学习目标 b 指向开源硬件作品开发与制作的过程和方法，构建学生整体视角下的知识结构，通过小组的分工与合作进行探究性学习；单元学习目标 c 指向学生应用传感设备进行数据采集与分析的能力，发展学生的计算思维；单元学习目标 d 体现了育人价值，引导学生理解并自觉践行开源的理念与知识分享的精神。

挑战性学习任务

【设计依据与价值分析】

挑战性学习任务为学生动手、动脑相结合创造了条件，体现了做中学的教育理念挑战性的任务与核心知识、思想方法应当是相匹配的。为保证其一致性，在设计挑战性学习任务时，首先关注课程标准的相关要求。

本案例的挑战性学习任务是利用开源硬件制作一辆智能小车。以智能小车的设计与制作为主题开展项目活动，引导学生开展基于开源硬件的项目制作，亲历项目从创意、设计到实现的完整过程，完善项目作品的设计方案，梳理项目关键过程和步骤，完成项目的制作学习，并在学习中践行开源与分享精神，理解知识产权保护的价值。

情境：随着汽车工业的迅速发展，关于智能汽车的研究越来越受人关注。本单元中，学生经历智能小车各项功能的探究、小组协作、探究学习，完成开源硬件作品智能小车的设计与制作。

问题：智能小车包含哪些基本功能和智能功能？智能小车的功能如何实现？需要使用几个电机驱动小车？怎样选取合适的传感器实现避障功能？能否尝试用编程语言实现各种功能模块？如何优化、完善项目作品的设计方案？如何分享、评价、反思，践行开源与分享精神？

活动：设计智能小车方案；探究智能小车的制作；探究编程实现智能小车行走、避障等功能，设计、实现智能小车的个性化智能功能；完善、优化设计智能小车设计方案；交流展示作品，评价与反思。

结合单元主题，依据课程标准中本模块的内容要求和学科特征，学生需要经历"提出问题，设计方案""硬件搭建，编程实现功能""测试运行，完善功能""分享作品"几个学习过程，完成智能小车项目的设计与制作。本单元规划为 10 课时，挑战性学习任务如表 4-4-3 所示。

表 4-4-3　案例 4 挑战性学习任务（以第 4 课时为例）

课时	活动/任务	教学过程	评价建议
第 4 课时　实现避障功能	任务 1	1. 教师提出问题：我们能否让智能小车感知周围的环境，并且在遇到前方障碍物时智能停车呢？引出新课：利用常见的避障传感器实现避障功能。 2. 教师介绍避障传感器的工作原理和使用方法。 3. 小组画出避障电路图，并搭建避障电路。	学生能明确解决任务的关键，并选择常用的数字化工具与资源。
	任务 2	1. 小组设计智能小车避障的算法流程图。 2. 小组利用 Arduino 实现智能小车避障功能。 3. 小组代表展示智能小车避障效果，教师点评。	学生能否使用新技术处理信息，设计算法并用编程或数字化工具实现，运用数字化学习策略完成特定任务。
	任务 3	1. 小组自主探究利用串口通信设备获取传感器数据的方法。 2. 小组尝试使用串口采集避障传感器的实时数据。	学生能甄别信息，并分析数据。

持续性学习评价

【评价内容与指标】

持续性学习评价的开展是为了更好地促进学生学习。本案例中，持续性学习评价以开源硬件项目智能小车的设计与制作为基础；以计算机能够处理的方式界定和解决问题为关键能力；主题任务的实践是检验学习成果的重要途径，在此过程中学生需要掌握主题任务实施的过程与技巧，培养学生的科学态度和信息社会责任感。因此确定的评价内容如表4-4-4所示。

表4-4-4 学科核心素养与评价指标

学科核心素养	评价指标
信息意识	1. 能否选择恰当的方式与他人交流作品。
计算思维	2. 能否知道开源硬件作品的开发流程。 3. 能否了解项目中传感数据、运行数据等数据的获取、甄别、组织和分析方法。 4. 能否采用计算机能够处理的方式界定问题，设计方案、制作流程图、设计算法。 5. 能否知道常用的调试、排错和迭代完善的过程与技巧。
数字化学习与创新	6. 能否合理选择恰当的数字化工具与资源开展学习、解决问题。 7. 能否利用开源硬件制作作品解决生活中的简单问题。
信息社会责任	8. 能否发现他人作品的优点和不足，是否能自我反思，优化、迁移活动经验。

【评价的方法】

持续性学习评价是为了帮助学生了解学习现状、发现学习问题。

在开展评价活动时，应根据学生学习的特点，选择合适的评价方式，给出具体的反馈信息，促进学生自我调整和激励，教师还可以通过评价活动了解学生的思维发展情况，并作为调整后续教学的依据。

在本单元学习案例中，基于主题活动的评价内容与方法如下表4-4-5所示。

表4-4-5　案例4基于活动的评价方法

需要评价的活动	评价建议
智能小车项目设计的活动	评价内容： 能够通过分组开展特定项目的方案设计，分析项目需求，确定所需信息的关键要素和获取策略。(信息意识) 明确项目的关键问题，描述项目各组成部分及其功能，能抽象处理和形式化表述项目的流程图和逻辑关系。(计算思维) 评价指标： ①能否结合"无人驾驶"视频设计智能小车的基础功能和个性化功能。 ②能否根据实际问题确定合适的信息获取策略。 ③能否描述智能小车各组成部分及功能。 ④能否用流程图和表格描述功能的流程与逻辑关系。 评价方法：项目设计方案评价量表。 赋值方法：划分为三个水平。 水平1：基本无法说出智能小车的功能，无法确定信息获取策略，无法描述功能，无法说出功能的逻辑关系和画出流程图。 水平2：能说出智能小车的基础功能，无法设计个性化功能，能基本描述智能小车的组成和基础功能，能基本表述基础功能的流程图和逻辑关系。 水平3：能同时描述智能小车的基础功能和个性化功能，描述各组成部分及功能，并用流程图和表格描述功能的流程与逻辑关系。

续表

需要评价的活动	评价建议
智能小车功能开发和外观的制作	评价内容： 在复杂的项目任务中，能综合分析获取的信息，判断其核心价值，确定问题的解决路径。(信息意识) 能根据需求选用合适的硬件并进行连接，正确区分问题解决中涉及的各种数据，设计解决问题的算法，利用编程语言实现各功能，整合并实现整体方案。(计算思维) 针对较复杂任务，能快速搜索、获取和甄别学习资源，创造性地解决问题，形成个性化作品。(数字化学习与创新) 评价指标： ①能否根据方案设计，获取并筛选实现相应功能的相关信息和资源。 ②能否明确实现特定功能的硬件选择、电路搭建和编程方法。 ③能否合理选择恰当的数字化工具与资源，帮助功能的顺利实现。 ④遇到故障或未知问题时，能否结合数据分析情况，找到解决问题的方法，测试完善智能小车。 评价方法：智能小车评价表。 赋值方法：划分为三个水平。 水平1：能按照教师的提示了解相关信息和资源，但是经常在制作时遇到困难或障碍无法顺利进行，无法按照方案设计全部实现智能小车的功能和制作外观。 水平2：基本能自行获取相关的信息和资源，能基本实现智能小车的硬件搭建、功能编程和外观制作，但是遇到故障或未知问题时需要教师的协助。 水平3：能自行获取相关的信息和资源，能正确选择硬件并搭建智能小车的电路，顺利完成功能编程和外观制作，在制作中即使遇到故障或未知问题时也能通过分析找出解决的方法。

续表

需要评价的活动	评价建议
智能小车展示交流活动	评价内容： 能够选择合适的信息交流方式，自觉遵守信息法律法规和伦理道德规范，践行开源与知识分享的精神，理解保护知识产权的意义。 评价指标： ①能否选择合适的信息交流方式展示作品制作的过程、方法与心得。 ②能否合理评价自身和他人的作品，进行项目总结和升华。 评价方法：问卷调查、项目作品评价量表。 赋值方法：划分为三个水平。 水平1：展示思路不清，没有全面展示作品制作的过程、方法与心得，无法认清作品的不足。 水平2：基本能清楚展示作品制作的过程、方法与心得，能发现作品间较大的差距，有一定的反思体会。 水平3：能清楚展示作品制作的过程、方法与心得，能合理评价作品，发现作品的闪光点和可以完善的地方，善于总结项目制作过程中的不足与收获，对作品有一定的展望。

开放性学习环境

开源硬件项目的实践过程涉及学科多、工具多、环节多，因此容易产生细节多、困难多、进度慢等情况。因此，教师要为学生创造适宜的学习环境，营造轻松、开放的作品制作氛围。在设计和实施开放性学习环境时，包括学习场地、学习资源和学习共同体。本案例的学习场地选择信息技术实验室，并配备相应的实验工具和设备。鼓励学生以小组形式完成学习任务和活动，因此学习环境中要设计适合小组合作的桌椅环境和合作指导方案。学习资源的设计包括提供安装相关实验软件和学习支撑系统的计算机及开源硬件等硬件与工具；设计和制作微课程视频、学案、硬件使用文档、评价量表等资源。

本案例的学习环境设计包括物理环境和虚拟环境的设计。

◆物理环境

（1）实验仪器：台式计算机、开源硬件（Arduino 控制板、智能小车车体、各类传感器和执行器、配件）及相关工具（螺丝刀、热熔器、剪刀等）、收纳盒等（如图 4-4-3 所示）。

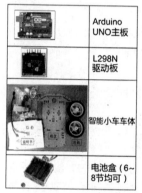
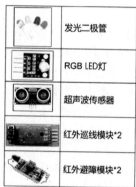
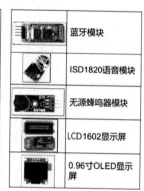

图 4-4-3 相关实验仪器

（2）桌椅摆放：学生桌椅摆放为二人一组。

（3）展示工具：黑板、多媒体设备。

◆虚拟环境

（1）学习支撑、反馈系统：极域电子教室系统软件、易学课堂辅助系统、问卷星。

（2）学生学习资源：微课视频、学案、硬件使用文档、课件。

（3）学生机实验环境：安装了思维导图、Mixly、Arduino IDE、Fritzing、Laser Maker、3D One 等软件的计算机系统。

反思性教学改进

【课前对以往教学的反思】

近年来，随着创客文化的传播，开源硬件也随之备受关注，它能更容易地实现人们的创意，是创客们常用的工具之一。在以往的项目作品设计制作的过程中，学生更注重根据要求完成项目的制作，教师在设计教学的时候，通常也是以任务为导向，以知识技能的学习为目的，重视程序的识记和编写，让学生按部就班地完成任务，用任务的完成度来考查学生的掌握情况，忽略了学生的自主创新能力，没有预留充分的空间和时间供学生发散与创造。

因此，本单元希望从以下几个方面进行改进。

（1）项目来源于真实世界中复杂的、非良构的问题，调动学生围绕问题进行联系、思考、讨论，体验知识的社会性建构，理解知识与技能应用的价值意义，形成实用主义价值观。

（2）让学生体验探究和创新的学习过程，构建整体视角的知识体系结构。在项目的设计与制作过程中，教师将提供丰富的自主学习资源和充足的硬件资源，预留充分的时间和空间，支持学生实现个性化功能，鼓励学生采取自主学习和小组合作学习的方式，采用计算机能够处理的方式界定问题、设计方案，运用思维导图理清思路，形成合理算法，综合运用各类工具，进行跨学科融合创新实践并解决问题。

（3）注重成果的分享和交流，做好反思性自评和互评。在项目制作完成后，学生需要制作汇报材料，对主要过程、成果和不足进行交流分享，教师要鼓励学生养成善于观察他人作品和自我反思的习惯，优化问题解决的方式，并学会将其迁移到与之相关的问题解决中。

【课中对学生表现与设计效果的反思】

（1）在项目的设计与制作过程中，教师发现有个别小组和学生对小组学习的合作方式不适应，学生在独立思考和表达个人想法上存在不足，小组合作不协调，没有形成合力，对项目制作的流程不清晰，因此在项目的进度上和质量上与其他小组存在差距。同时，也有个别小组和学生没有养成整理、归类开源器材零件的习惯。教师需要多关注课堂中存在的问题，提供相关的资源和工具帮助学生进行调整。

（2）学生对个性化功能和外观的实现表现出较浓厚的兴趣，大部分小组进行了热烈的讨论，动手的热情也很高涨，有一些小组甚至提出了天马行空的想法。教师需要努力营造良好的开放的环境，激发学生的创造力，同时也需要引导学生进行思辨和批判，将想法通过合适的方式予以实现。

（3）在展示交流环节，学生在进行小组汇报时，对项目设计和实施过程中的表述较为简单，对于出现的现象和问题缺少深入挖掘与思考，有个别小组较注重演示文稿展示的新奇效果，展示的内容不够全面。展示交流环节是项目的总结阶段，在分享与聆听的过程中，观察他人解决问题的思路和过程，可以反思自身的不足，进而提高设计、实施与展示的水平。

【课后反思与改进】

（1）开源硬件项目的设计与制作，主要是探究小型信息系统的设计与制作，学生围绕"数据"，从计算机的角度出发，理解开源硬件项目设计与制作的过程和方法。在本单元的教学中，强化引导学生查阅资料，理解相应功能的实现原理、分析功能逻辑、画流程图等环节，帮助学生快速理清思路，合理组织数据，形成合理的算法，最终解决问题。在展示环节，教师也需要进一步引导学生观察和反思，强化学生总结反思、迁移经验的思维习惯。

（2）出于对开源硬件项目涉及面广、工具多、跨学科等特点的考虑，同时也要照顾学生的个性化学习需求，本单元采用微课程导学的方式，对一些不易书面化的过程性操作和一些重要步骤以微课程的形式进行精讲，能较好地帮助学生突破难点，更好地进行小组分工，保障项目的实践进度，发展跨学科创新融合实践和数字化学习与创新的能力。在开源硬件项目的设计与制作中，采用微课程导学的效果突出，教师可以继续深入地精选资源，优化效果，在类似的教学实践项目中也可以采用微课程导学的形式（如表4-4-6所示）。

表4-4-6　课时教学设计

第 4 课时	控制智能小车遇障即停
1. 课时教材分析： 本节课是选择性必修 6 "开源硬件项目设计" 模块的教材内容，基于 Arduino 平台进行智能小车项目开发。通过剖析和完成智能小车避障功能，体验基于开源硬件完成项目功能的基本流程，掌握避障传感器的原理和使用方法。	
2. 课时学情分析： 高二学生思维活跃，通过前三节课的项目学习，体验基于开源硬件完成项目的基本流程，知道常用开源硬件的功能与特征，通过课程学习发展计算思维。本节课通过完成生动有趣的智能小车避障功能，进一步激发学生对基于开源硬件的项目的学习兴趣。	
3. 课时学习重点： 避障传感器的原理和使用方法。	
4. 课时学习难点： 实现智能小车的避障功能。	
5. 开放性学习环境： 软件：思维导图、Mixly、Arduino IDE、Fritzing。 硬件：Arduino 控制板、智能小车车体、避障传感器和相关工具、收纳盒等。	

续表

物品	18650 锂电池	18650 电池盒	L298N 电机驱动板	直流电 机马达	UNO 主板	避障 传感器	杜邦线
数量	2	1	1	2	1	1	若干

6. 课时学习目标：

（1）能根据避障功能的需求选择恰当的开源硬件，搭建智能小车避障电路。

（2）能用表格和流程图描述避障的流程，并逐步实现智能小车避障功能的编程，总结实现方法并迁移到其他智能小车功能的实现中。

（3）了解智能小车避障功能实现过程中的调试与排错办法，合理判断问题解决中涉及的各种数据的价值，并迁移到其他相关的问题解决中。

7. 课时教学过程

学习活动/任务名称	教学过程	评价建议
活动 1 根据需求选择恰当的硬件，认识避障传感器，了解硬件选型的一般过程与方法	创设情境：经过前面的实践，智能小车终于能够自由行走了。不过智能小车走着走着总是会碰到墙壁或者一些障碍物，把障碍物刮花或者碰倒。 提出问题：我们能否让智能小车感知周围的环境，并且在遇到前方障碍物时智能停车呢？ 引出新课：利用避障传感器实现避障功能。 教师介绍避障传感器的工作原理：传感设备发射出一定频率的红外线，当检测方向遇到障碍物（反射面）时，红外线反射回来被接收管接收，绿色指示灯会亮起，同时信号输出端口（OUT 引脚）输出低电平的数字信号，反之输出高电平的数字信号。	学生能根据实际需要提出避障功能的设计

续表

学习活动/任务名称	教学过程	评价建议
活动1 根据需求选择恰当的硬件，认识避障传感器，了解硬件选型的一般过程与方法	 学生总结避障传感器的使用方法结果如下表所示。 表： 情况 / 传感器反馈 / 值 传感器前方有障碍物时 / OUT 为低电平 / 0 传感器前方无障碍物时 / OUT 为高电平 / 1 学生能对照设计方案设计出避障。	
活动2 用表格或流程图形式化地描述流程，并用 Arduino 编程逐步实现功能，了解并掌握流程设计到功能实现的过程与方法	学生分析简单情况下的避障流程，结果如下表所示。 表： 情况 / 传感器反馈 / 小车行为 传感器前方有障碍物时 / OUT 为低电平 / 小车停止 传感器前方无障碍物时 / OUT 为高电平 / 小车前进 小组画出避障电路图，并搭建避障电路。	学生能根据设计方案，利用 Arduino 编程实现小车避障功能。

红外发射管 发射红外光　　红外接收管 接收红外光

续表

学习活动/任务名称	教学过程	评价建议
活动2 用表格或流程图形式化地描述流程，并用 Arduino 编程逐步实现功能，了解并掌握流程设计到功能实现的过程与方法	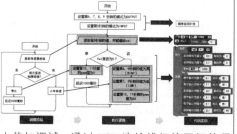小组设计智能小车避障的算法流程图，并利用 Arduino 实现智能小车的避障功能。 上传与调试：通过 USB 连接线把编写好的程序上传到本项目的 Arduino UNO 控制板，观察效果。如有异常，则对有问题的地方进行调试。	
活动3 掌握利用串口获取传感器数据的方法，学会采集运行数据，判断获取的数据对调试与排错的价值	小组自主学习利用串口通信设备获取传感器数据的方法： （1）使用 Serial. begin（）语句设置通信的波特率（默认的波特率为 9600）。 （2）使用 Serial. println（）语句发送数据。 （3）打开串口监视器查看信息。 小组尝试使用串口通信设备采集避障传感器的实时数据，并讨论该功能的应用与价值。	

续表

学习活动/任务名称	教学过程	评价建议
活动 4 总结归纳，把避障功能的实现过程迁移到其他相关功能的实现中	教师总结：实现避障功能是利用 digitalRead（）语句来获取红外避障传感器的反馈值，从而决定智能小车的动作。 学生交流：实现避障功能容易遇到的问题及解决办法。	能总结基于开源硬件实现避障功能的基本流程。
活动 5 课堂展示小结	不同的项目主题模块，请一个小组作为代表，展示其登录页面的创建和功能实现，总结归纳、运用到的数据库知识，说明信息系统的数据处理过程和工作过程。	通过展示反馈小结，能说出数据表创建方法和登录功能实现方法，说清楚信息系统的数据处理过程和工作过程。

8. 课时教学反思（实施后填写）：

本节课是本单元的第 4 课时，在本单元中有着较为重要的地位，既是对前面学生基础知识和实验技能的提升，也是下一阶段学生进行个性化功能设计与实现的铺垫，同时还磨炼学生个性化学习与小组合作探究的能力，让他们理解开源硬件项目设计与制作的过程和方法。

学生对于开源硬件项目开发的经验较少，因此部分学生在探究的过程中不清楚设想中的功能要如何落地实现。在本节课及本单元的教学过程中，要引导学生查阅资料，理解相应功能的实现原理，并分析功能逻辑，画出流程图，从而帮助学生快速地将功能用编程语言的方式进行实现。

出于对开源硬件项目涉及面广、工具多、跨学科等特点的考虑，同时也是照顾学生的个性化学习需求，本单元采用微课程导学的方式，对一些不易书面化的过程性操作和重要步骤以微视频的形式进行精讲，帮助学生突破难点，力求避免项目制作或小组合作进度停滞不前的情况，从而留出更多的时间让学生进行反思和改进。

本节课在实施的过程中也发现了一些问题和不足。例如，部分学生没有整理、归类实验器材的习惯，个别学生缺乏独立思考、主动探索的意识，甚至有畏难情绪等。针对这些问题教师在上课过程中，要注意培养学生开源硬件应用和管理的好习惯，引导和发展学生跨学科融合实践的能力，强化学生理解开源硬件项目设计与制作的过程与方法，培养总结反思、迁移应用的学科思维意识。

第五章

高中信息技术学科深度学习
教学改进项目实施经验

　　深度学习的开展是针对当前中小学课堂教学中存在的形式化、浅表化、碎片化、机械训练等问题，将教学实施指向发展学生的学科核心素养，指向增进学生对学习内容的深度理解、实践应用和创造性解决问题的能力的提升。① 深度学习教学改进项目为推动高中信息技术课程改革创新发展的重要抓手，为落实学科核心素养指明了方向。在高中信息技术学科深度学习教学改进项目实践过程中，为实现"以点带面、示范引领、整体提升"的深度学习教学改进项目实施目标，教研团队以"合作的教师群体文化"推进教研团队发展，以线上线下相结合的方式组织深度学习教研活动，以持续迭代的案例实践促进教师专业发展。

第一节　信息技术学科深度学习教研团队建设与实施推进策略

一、团队建设策略

（一）建立"以点带面、全员覆盖"的教研共同体

　　高中信息技术学科深度学习教研团队是由学术带头人、团队核心成员、实验学校骨干教师和全区域学科教师组成的优势互补、理论研究与实践检验相结合的四级教研队伍。在教研过程中，教研团队以"深度学习"为理论基础、以"单元设计"教学实践为研究内容，教研梯队成员通过"理论研讨—案例打磨—教学实践—迭代完善"的方式加深对"深度学习"理论的理解，并以一贯之地落实在教学实践中。

1. 学术带头人

　　学术带头人是由具有较高科研水平和较强课程管理能力的信息技

---

　　① 郑葳，刘月霞．深度学习：基于核心素养的教学改进［J］．教育研究，2018，39（11）：56-60.

术课程标准修订组专家及具有丰富教研经验的区域信息技术教研员组成的。他们对高中信息技术学科深度学习的内涵特征与实践模型有着深入研究并具有丰富的实践经验，能把教研梯队中的教师聚集在一起，开展深入而有效的深度学习实践研究。

2. 团队核心成员

团队核心成员由区域内信息技术名师、学科带头人、骨干教师组成，他们有着丰富的信息技术教学实践经验，对信息技术有一定的教学理论基础，并积极投入新课程改革和深度学习研究中，是推动深度学习项目区域推广工作的关键成员。

3. 实验学校骨干教师

实验学校指区域内担负探索或进行高中信息技术学科深度学习试验任务的学校，这些学校重视科研探索，鼓励教研组开展新课程研究，为教师开展科学研究提供各种保障。实验学校骨干教师即这些实验学校的信息技术学科带头人或者骨干，他们承担着推进深度学习在学校甚至辐射至周边学校实施的重任，也是推动深度学习项目区域推广工作向广度发展的重要成员。

4. 全区域学科教师

广大高中信息技术教师是实施新课程改革的主力军，他们在理论学习的基础上，和团队成员一起研讨教学案例，更新教学观念，在课堂上开展教学实践活动，反馈教学成果，提供优秀的教学案例。

（二）设定共同愿景，提升教研团队凝聚力和成员的归属感

共同愿景是深度学习教研团队的价值取向，是教研团队的共同目标。达成共识，确立共同愿景，是团队建设的基础，它能使教研团队所有成员聚集在一起，为了共同的利益和目标奋斗。"课改的关键是改

课"①。教研团队在"深度学习"理论研修的基础上，紧紧抓住"改课"这个焦点问题，将"从课时教学到单元教学"的转变落实在学校一线课堂教学中，设定了"每区有任务，每校有活动，一校一单元，人人创优课"的共同愿景。共同愿景的设定将教研团队所有成员聚集在一起，调动了每位团队成员的积极性，提高了大家在研修过程中的责任感，不断推进高中信息技术学科深度学习教学改进项目的开展。

（三）形成规范的管理制度，互相约束并引领团队成员发展

1. 集中研讨制度

教研团队负责人采用集中研讨的方式，组织学术带头人和团队核心成员对深度学习教学改进项目执行中的重大问题做出决议；把握深度学习教学改进项目的整体方向，根据深度学习教学改进项目进展情况调整项目研究方向与内容，确保深度学习教学改进项目研究计划的完成；接受项目立项部门的检查，年终做述职报告。

2. 定期听课评课制度

学术带头人、核心成员和实验学校骨干教师确立定期听课评课制度，依据高中信息技术单元教学活动的顺序，安排和组织核心成员和实验学校骨干教师听课评课，以"公开课"的方式展示研修成果，进行评课研讨，在实践中加深教师对深度学习教学的理解与把握，促进教师的专业发展。

二、实施推进策略

（一）强化顶层设计，准确把握项目方向

高中信息技术学科深度学习教研团队在对"深度学习"理论学习

---

① 罗滨，陈颖. 一体化教学与教研："深度学习"教学改进的区域实践 [J]. 中小学管理，2021（7）：10-13.

和研究的基础上，针对高中信息技术新课程在区域实施中存在的问题，设计区域推进深度学习方案，明确整体定位，进行统筹规划，推进计划如表 5-1-1 所示。

表 5-1-1 高中信息技术学科深度学习教学改进项目推进计划

阶段	推进内容	预期成果
第一年	◆组建教研团队（遴选核心成员和区域内深度学习实验学校）。 ◆实施高中信息技术新课程实施现状的问卷调查和现场访谈。 ◆区域内开展深度学习理论学习，教研团队开展必修模块单元教学设计与实践并在区域推广。	•指向深度学习的高中信息技术理论成果（初步）。 •必修模块单元教学设计案例（初步）。
第二年	◆开展指向深度学习的高中信息技术课程建设，遴选优秀教学单元案例，在全国深度学习教学改进项目实验区观摩会上进行展示交流。 ◆区域内开展深度学习单元设计研修和实践，教研团队开展选择性必修模块单元教学设计。	•指向深度学习的高中信息技术理论成果、必修模块单元教学设计案例（完善）。 •选择性必修模块单元教学设计案例（初步）。
第三年	◆凝练高中信息技术深度学习理论成果，通过案例观摩与交流带动更多学校及学科开展深度学习研究。 ◆梳理研究成果，汇总单元教学设计与实践案例，完成具有理论化、实践性和指导作用的教学指南。	•出版《深度学习：走向核心素养（学科教学指南·高中信息技术）》，形成一系列具有区域特色的高中信息技术深度学习单元教学设计案例。

（二）明确分工，协同攻关，分阶段推进项目实施

围绕所设定的共同愿景，高中信息技术深度学习教学改进项目教研团队发挥各自优势，相互配合，使得各项工作顺利推进，分阶段完

成各项研究任务和目标，及时整理和汇总研究成果。

（1）团队专家成员以"问题引题"的方式为核心成员及实验学校骨干教师开设专题讲座，以解决教师的"问题"作为首要任务。例如，针对教学实践中存在的"计算思维教育简化为编程学习""数字化学习创新简化为机械操作"等问题，为教师开展了《指向学生学科核心素养发展的信息技术单元教学基本特征》《指向深度学习的信息技术单元教学设计》《高中信息技术深度学习项目的改进》等专题讲座，提出素养本位的单元设计实现过程和技术路线，为教研团队开展深度学习研究和实践指明方向。

（2）区域教研员以"任务导向"方式开展项目规划和协调。区域教研员建立了"双微驱动"教研模式，以"微项目"为载体，带领"微团队"发现、研究、解决本学科的难题，把"大项目"变成"小课题"，将学科大团队变成攻关小组，发挥团队中每位教师的研究特长，分工协作，共同开展项目研究工作。按照研修计划定期组织研修活动，区域教研员组织核心成员及实验学校骨干教师的定期教学交流活动，收集教师在深度学习教学活动中遇到的问题，邀请专家共同研讨教学案例，推荐和分享优秀教学案例，统筹成果的全国推广。

（3）团队核心成员和实验学校骨干教师在专家和区域教研员指导下，分小组钻研新教材，围绕指向深度学习的教学实践模型，分阶段完成必修和选择性必修模块的单元教学设计，交叉审读教学案例，参加项目组开展的单元教学听课评课活动，承担公开课观摩和优秀成果推广等任务。

（三）推进传帮带共享机制，形成高中信息技术深度学习校本特色课程

团队核心成员和实验学校骨干教师发挥导师作用，把研究成果共享至区域内全体信息技术教师，引领高中信息技术教师围绕指向深度学习的教学实践模型开展教学改进，吸收全市所有信息技术教师参与

到深度学习教学改进项目中。广大信息技术教师通过学校互相听课磨课、集体讨论等方式，深化对深度学习本质的认识，研究高中信息技术深度学习特征，开展单元教学设计，反思、归纳基于高中信息技术学科核心素养的深度学习教学改进和普通高中课程实施策略，通过市、区两级优质课活动进行单元教学课例的展示和观摩，形成具有区域特色的高中信息技术深度学习校本特色成果。

第二节　信息技术学科深度学习教研组织策略

当前，面对教育改革和发展的新形势、新任务、新要求，教研工作必须不断与时俱进、创新发展，要充分重视和研究信息化、智能化、数据化条件下的教研模式变革。[①] 当今，互联网和信息技术的快速发展为教研活动创造了一个全新的在线交流空间，它在改变学生学习方式的同时，也潜在改变着教师的教研方式。

一、线上线下融合式信息技术教研

（一）线上线下融合式信息技术教研方式的流程

随着人工智能在教育中的普及应用，信息技术学科深度学习教研活动从"基于经验"走向"基于数据"，线上线下融合式信息技术教研方式应运而生。这种方式立足于深度学习教学研究存在问题的"精准性"，关注教师教研需求和发展规律，更充分发挥"互联网+"教师研修平台的作用，以传帮带的方式把团队核心成员研究的高中信息技术深度学习成果辐射推广。

---

① 刘月霞. 绘制基础教育教研工作新蓝图 [J]. 人民教育，2019（24）：28-30.

1. 研修活动前

教研活动前，活动组织者需要通过在线问卷等方式了解教师开展深度学习研究存在的问题，确定本轮教研的主题，并制定教研活动目标。活动组织者应设计研修任务，并发动核心成员搜集关于深度学习的文献或者教学案例等资源，通过教研平台推送给区域内全体老师提前学习。

2. 研修活动中

在教研活动过程中，活动组织者应按区域把全体教师划分为若干小组，分组线下完成深度学习研修任务，通过教研平台线上汇报或者分享研修成果。在这个过程中，专家与教师之间、教师与教师之间通过网络互动平台交流深度学习的问题。

3. 研修结束后

教研活动结束后，活动组织者应通过教研平台发布研修活动的评价任务，评价形式包括深度学习理论测试、深度学习单元教学实践、持续性教学评价方案设计、研修者的学习反思等。通过研修成果评价与反思促进教师对深度学习教学改进项目的推进。

（二）线上线下融合式信息技术教研方式的案例

下面结合高中信息技术学科广州教研基地开展的全市性"指向核心素养的深度学习教研活动"，分享线上线下融合式信息技术教研活动开展的设计思路和具体操作过程。

1. 研修活动前，梳理教师教学存在的问题，确定教研主题

教研团队利用在线问卷的方式对前一轮研修活动结果进行调研。调研结果显示，广州教研基地教研员及核心成员发现本市教师对不同版本的信息技术新教材有较为清晰的认识，并有恰当的项目设计，但还存在"不知道如何在信息技术课堂教学中落实学科核心素养，怎样确保学科核心素养、学习目标和评价设计的一致性"等问题。围绕这

个问题，本轮教研活动主题是"指向学科核心素养的深度学习教研活动"，教研活动目标界定如下。

（1）理解深度学习对落实学科核心素养的意义。

（2）设计学科核心素养、学习目标、评价设计一致的评价方法和工具。

（3）完成一份学科核心素养、学习目标、评价设计一致的案例。

2. 研修活动中，聚焦单元主题教学，组织线上线下深度学习研讨

围绕深度学习，广州教研基地教研员及核心成员把全体高中信息技术教师按区域分成多个小组，每个组在区教研员的带领下开展主题研讨，并在教研平台汇报研修成果。研修主题包括以下几项。

主题1：结合深度学习的五大特征探究高中信息技术深度学习的特征。

主题2：深度学习与高中信息技术学科核心素养培养的关系，学科核心素养、学习目标、评价设计一致的评价方法和工具的设计。

主题3：结合必修1"数据与计算"，设计学科核心素养、学习目标、评价设计一致的案例。

3. 研修活动后，收集研修成果，研判教研效果并进一步发现问题

为进一步了解广州市高中信息技术教师深度学习的理论认知水平，全市共270名教师参加了网络测试，并提交了学习案例。分析测试结果，本次测试4道选择性问题作答的正确率超过90%。考查内容包括指向深度学习的教学实践模型要素（作答正确率98.15%）、高中信息技术学科核心素养（作答正确率92.22%）、深度学习特征（作答正确率94.81%）、深度学习发生的条件（作答正确率91.85%）。专家组对教师们提交的学科核心素养、学习目标、评价设计一致的案例进行了评阅，评阅结果显示70%的教师使用一致性的方法和工具达到预期的设计要求，但仍有30%的教师未达到要求。这也说明，在下轮的研修活动中，活动组织者仍要关注一致性案例的设计与实现。

　　本次教研活动更新了广州市高中信息技术教师的教学观念，提高了他们对深度学习的认知。从教师们研修后的反思也可看出，大多数信息技术教师都愿意紧跟教学改革的脚步深入开展项目学习，结合本校学生的实际情况，寻找适合学生的具体单元实践，把深度学习融入学科核心素养培养中。同时也提出了一些问题。例如，课时不足，学生学习过程中的实践性不强，用单元学习设计可在一定范围内使这些问题得以缓和，但不足以完全解决；此外，"学科核心素养、学习目标、评价设计"一致的评价方法与工具还需要进一步完善，以更好地支持教师做出一致性的教学设计。

二、现场观摩式信息技术教研

　　项目初期，研发课例起到了示范和引领作用。当信息技术教学实践活动增多、课例增加后，教研团队开始深入常态课堂开展课例研究，对核心内容逐个突破，由点到面，逐渐深化和拓展单元教学的实践经验，通过现场观摩的方式推动从"单元课例研发"到"教学课例实践"的深入。

（一）现场观摩式信息技术教研方式的流程

　　与信息技术教学理论研讨的教研活动相比，现场观摩式信息技术教研活动是一种更加直观感知学生素养养成的方式。它围绕任课教师"单元教学设计—教学观摩—集体评课"的形式展开。通过现场观摩，广大信息技术教师能深入学习指向学科核心素养的深度学习教学实施情况。通过集中反思，学术带头人、团队核心成员和实验学校骨干教师共同反思，找到一线教师在开展深度学习研究中存在的问题，并提出建议。

1. 前期准备工作

　　教研活动前，授课教师已对深度学习有较充分的认识和理解，结合自己的教学风格、学生的年龄与认知特点设计单元教学和课时活动。活动组织者需要组织任课教师开展指向深度学习的信息技术单元教学设计研讨。参与研讨的成员包括区域教研员、教研队伍核心成员、任课教师所在学校的教研组教师。

2. 开展听课评课活动

教研活动过程中，组织者组织信息技术教师听课和评课。评课的目的在于提升广大一线教师开展深度学习的教学能力。围绕深度学习的核心要素即素养导向的学习目标、引领性学习主题、挑战性学习任务、持续性学习评价，教研员组织区域内名师、学科带头人及其他一线教师听课评课。借助听课评课活动，广州教研基地开展深度学习专业对话，引导教师改进深度学习课堂教学，提升深度学习课堂教学效果，促进教师的专业发展。

3. 教研后的反思

教研活动结束后，组织者通过教研平台收集教师参加听课评课活动的反思。为了提高教师听课评课反思质量，要求反思内容要体现出：本次活动中所发现的有关"教学问题""解决问题方法设计""该方法在问题解决中需要的条件"等的内容，可为下一次教学实践中的问题解决提供支持，课堂观摩后进行反思可进一步促进教师成长。

（二）现场观摩式信息技术教研案例

下面结合高中信息技术学科广州教研基地开展全市性"指向深度学习的单元教学设计"活动，阐述现场观摩式信息技术教研的思路和具体操作。

1. 团队共同设计深度学习单元教学课例

教研活动前，广州教研基地教研员从向征集的教学案例中遴选出必修模块 2 "信息系统与社会"的两个优秀单元教学案例，并发动教研团队中的学术带头人、团队核心成员和实验学校骨干教师交流研讨，依据学科核心素养，研制深度学习的教学案例。

2. 开展基于深度学习的听课评课活动

在教研活动过程中，两位任课教师分别为广州市全体信息技术教师展示深度学习课例《设计校园环境监测系统——基于物联网的信息系统》及《打造未来的智能家居系统——基于物联网的信息系统》。两位教师围绕基于物联网的信息系统，引导学生搭建不同的物联网信息系统，亲历体验、探究基于物联网的信息系统的工作过程，并尝试运用合理的方案组建信息系统，实现信息技术技能的应用与创新。全体信息技术教师围绕深度学习的核心要素开展听课评课，并与学术专家、任课教师展开对话与交流。

3. 组织团队教师开展研修反思

教研活动结束后，组织者通过发放教研反思提纲促使听课教师开展单元教学设计实践反思，引导教师不断发现问题，总结经验，修正完善指向深度学习的单元教学设计思路。组织者进一步通过在线调研问卷和现场访谈方式收集教师关于必修模块 2 "信息系统与社会" 单元教学主题设计的困难，为下一轮深度学习教学实践研修提供参考依据。

第三节　信息技术深度学习
教师专业成长策略

高中信息技术学科深度学习教学改进项目实施过程中，教师团队坚持创建 "合作的教师群体文化" 氛围，关注教师个人与群体的共同发展，通过行动研究、案例实践，围绕深度学习的五大特征，即联想与结构、活动与体验、本质与变式、迁移与创造、价值与评判，引导教师开展反思性教学改进，持续调整并改进深度学习的教学方法与策略，促进教师专业成长。

与传统教学相比，单元教学设计对教师要求很高，它需要教师有较高的课程设计能力和教学活动重组能力。教师需要更加关注适合本校学情、能有效培养学科核心素养的单元教学设计。为能促使教师从课程设计的角度思考教学，加速教师的专业成长，在教学实践中，深度学习项目教研团队采用了"迭代式案例生成策略"和"结对式案例完善策略"来促进教师的专业成长。

一、迭代式案例生成策略

迭代式案例生成策略是针对同一单元教学案例在多次教学过程中逐次迭代完善，针对每次单元教学实施中的问题进行完善，比对上一次单元教学设计的内容，记录两者的区别和做出完善的内容，通过多次单元教学活动的实践和教学设计版本的完善，使得单元教学设计和实践逐步趋于成熟，最终促进教师在反思性教学改进中不断成长。迭代式案例生成策略的实施流程如图 5-3-1 所示。

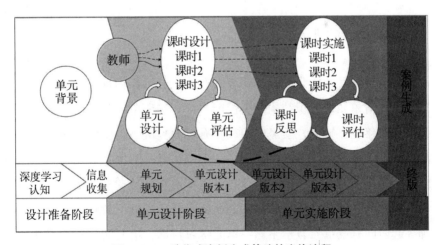

图 5-3-1　迭代式案例生成策略的实施流程

迭代式案例生成策略适合课时比较少的单元教学，如必修模块1 "数据与计算"中"走进人工智能"单元对应的课程标准"通过人工智能典型案例的剖析，了解智能信息处理的巨大进步和应用潜力，认识人工智能在信息社会中的重要作用"。该教学案例由高中信息技术学科广州教研基地的核心成员完成。在迭代设计阶段，案例设计者以"人工智能赋能美好生活"为主题这条任务线索把知识和能力融于利用智能工具解决问题的过程，培养学科核心素养，最终确定"走进人工智能"的单元课时目标（3课时）。案例设计者在完成初步的单元设计版本1及课时设计后，进入单元实施阶段。实施后，案例设计者通过他人听课评课的反馈，围绕深度学习特征开展教学反思，修正单元设计版本1，形成单元设计版本2。随后，将完善的版本在平行班中开展教学实施，并将第2版中做出完善的内容在第一次教学的班级中进行补偿性学习（以线上线下结合的方式开展）。如此迭代提升，单元教学设计在教学反思中得到完善，最终生成比较成熟的单元教学案例。

二、结对式案例完善策略

教学容量大的单元教学需要教师在系统分析课程标准和教材的基础上，厘清单元的知识结构和关键能力，对整个单元教学做出统筹安排。这对年轻、缺少教学经验的教师有较大挑战。为使团队教师都能融入深度学习教学改进项目中，团队采用结对式案例完善策略（如图5-3-2所示）开展合作单元教学设计，即由教学经验丰富的骨干教师和青年教师结对开展单元教学案例研究。首先，骨干教师指导青年教师一起协同完成单元教学主题、单元学习目标、单元活动及持续性学习评价设计。然后，骨干教师和青年教师分别承担不同的课时设计，形成最初的单元教学设计版本。结对教师对设计的课时方案开展教学实践和听课评课，在教学反思中进一步完善单元设计版本，最终合作生成较成熟的单元教学设计和实施案例。

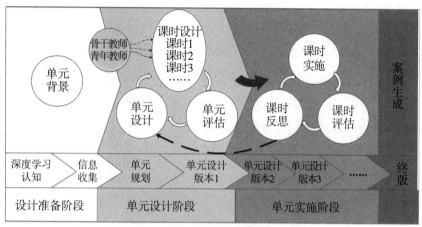

图5-3-2　结对式案例完善策略的实施流程

与迭代式案例生成策略相比，结对式案例完善策略适合于教学容量大，课时较多的单元教学案例。例如，选择性必修模块6的教学案例"智能小车的设计与制作"，对应课程标准的内容要求6.5至6.8，设计基于开源硬件的作品开发方案，选择恰当的开源硬件，利用开源硬件、相关组件与材料，完成作品制作。利用开源硬件的设计工具或编程语言，实现作品的各种功能模块。测试、运行作品的数据采集、运算处理、数据输出、调控执行等各项功能，优化、完善项目作品的设计方案，践行开源与知识分享的精神，理解保护知识产权的意义。

该教学案例教学内容容量很大，设计课时为10课时。案例由高中信息技术学科广州教研基地实验学校骨干教师和青年教师结对共同设计。案例以"智能小车"为主题开展项目活动，引导学生开展基于开源硬件的项目制作学习，亲历项目从创意、设计到实现的完整过程，完善项目作品的设计方案，梳理项目的关键过程和步骤，完成项目的制作学习。由于"设计与制作"单元内容较多，在教学实践中又需要用到开源硬件的实验器材和网络教学环境，在单元教学合作过程中，结对教师在单元学习目标界定、教学活动中保证"一致性"的工具、教学实施中的资源准备等方面进行合作。在教学资源的准备方面大家相互支持，对发现的教学问题进行持续完善，通过结对式案例研讨，骨干教师从深度学习理论到单元教学实践对青年教师进行指导，帮助青年教师在自己设计的课时实施和反思中得到提高，而青年教师的快速成长又成为骨干教师前进的推动力。结对式案例完善策略较好地推动了信息技术教师教学专业能力的提高。

附　录

附 录 一

深度学习单元教学设计参考模板

一、单元基本信息

学科		实施年级		设计者	
课程标准模块					
使用教材					
单元名称					
单元课时					

二、单元教学规划参考模板

1. 主题名称：

2. 主题概述：

3. 主题学情分析：

4. 开放性学习环境：

5. 单元学习目标：

6. 教学过程：

7. 评价建议：

8. 反思性教学改进：

9. 单元作业/测试（自选项）：

三、课时教学设计示例参考模板（撰写 1~2 个典型课时教学设计示例）

第 * 课时	（填写课题名称）

1. 课时教材分析：

2. 课时学情分析：

3. 课时学习重点：

4. 课时学习难点：

5. 开放性学习环境：

6. 课时学习目标：

7. 课时教学过程：

续表

8. 课时教学板书设计：

9. 课时作业设计：

10. 课时教学反思（实施后填写）：

附 录 二

单元教学设计各栏目基本要求

学科	(如信息技术)	实施年级	(如高中一年级)	设计者	(＊＊＊)
课 程 标 准 模块	(填写课程标准中对应的内容模块或者主题名称，如信息技术必修1 "数据处理与应用")				
使用教材	(填写学科教材的版本、册次)				
单元名称	(填写教材自然单元或者自拟单元名称。如第3章 数据的处理与应用)				
单元课时	(填写完成单元的课时数，如6课时；与单元设计涉及的课时保持一致)				

操作建议：如果是自拟单元（统整或者专题），"使用教材"栏目需注明教材各章课节的名称，并在"单元名称"中标注"自拟单元"。

单元教学规划各栏目基本要求（着眼呈现设计的结果，一般不对设计的原因和理论予以展开）

引领性学习主题（体现内容和过程的结构、育人的意义和价值的引领）

1. 主题名称	(可以是单元名称，或者参考单元名称改造为更加体现意义和价值的主题名称)
2. 主题概述（由学科决定呈现方式和详略程度）	(简述主题的核心概念、内容结构、呈现方式、教学过程、育人价值等，体现对主题内容和过程的结构、育人的意义和价值的引领。其中，内容结构和教学过程体现思路和流程即可，建议采用图文结合方式阐述，体现结构化；内容呈现方式建议将现实情境转化为问题或任务名称来呈现，体现情境化)
＊主题内容分析	(根据需要，对主题概述做补充；＊表示可选，后同)
3. 主题学情分析	(分析学生已有生活、知识、活动、方法等经验。可以是着眼单元整体描述学情，也可以是课时学情分析的概括。如果可能，建议采用经验和数据相结合的方式)

续表

4. 开放性学习环境	（简要说明或者列出开放性学习环境的整体情况，如实验设备器材、桌椅摆放、黑板、多媒体设备、智能终端等物理环境以及数字资源、软件工具、网络平台等虚拟环境）

操作建议：①单元教学规划更加强调结构化和科学性（建议由教研组或者备课组集体讨论完成），课时教学设计示例更加强调具体化和艺术性（建议由教师根据单元教学规划完成）；②课程目标和学业质量水平是分析单元教学规划各要素的依据；③主题名称要尽可能指向大观念，体现对育人意义和价值的引领；④主题概述在内容结构化和育人的意义与价值方面体现引领性；⑤任务/活动的集合，能够体现深度学习的教学流程（系列性、自主性、进阶性）；⑥学习环境是支持性、过程性要素，实现自主性与协作学习（强化学生与环境的相互作用）的必要保障，也是学科落实五育融合的抓手。

素养导向的学习目标（基于课程标准、分析教材、结合学情确定，体现素养导向）

课程标准素养名称	5. 单元学习目标	对应关系说明
A：信息意识 B：计算思维 C：数字化学习与创新 D：信息社会责任	（可以采用素养整合方式描述学习目标，一条目标可以对应多个素养，并在对应关系说明栏中简要说明目标对应的主要素养；目标尽可能可测，关联核心素养或学业质量水平） 目标 a；目标 b；目标 c；……	（针对各条目标，填写对应主要素养的编码）

操作建议：①A、B、C、D 是对学科核心素养的编码，还可以进一步用 A1、A2、A3、A4、A5 表示某个学科核心素养的水平（体现基于课程标准）；②撰写单元学习目标时，要思考如何体现深度学习特征（如活动与体验、联想与结构、本质与变式、迁移与创造、价值与评判），兼顾任务/活动的目标指向；③单元学习目标应该整体涵盖学科核心素养（体现单元是整体落实学科核心素养的学习单位）。

续表

挑战性学习任务（方案 1：以课时为单位规划）

课时	任务	6. 教学过程	评价建议
第 1 课时	任务 1 ……	（呈现任务/活动名称，概述任务/活动的内容、过程、环境等，标注与目标关联。以任务/活动为线索描述教学过程，建议针对任务/活动开展的要素或步骤，简述教师、学生、环境的相互作用方式或要求，体现做想讲练的结合）	（见持续性学习评价）
第 2 课时	……		
……	……		

挑战性学习任务（方案 2：以活动/任务为单位规划）

活动/任务序号	时长	6. 教学过程	评价建议
活动/任务 1	（＊＊分钟）	（呈现任务/活动名称，概述任务/活动的内容、过程、环境等，标注与目标关联。以任务/活动为线索描述教学过程，建议针对任务/活动开展的要素或步骤，简述教师、学生、环境的相互作用方式或要求，体现做想讲练的结合）	
活动/任务 2	（＊＊分钟）		
活动/任务 3	（＊＊分钟）		
……	（……）		

操作建议：

①教师可以自主选择方案 1（以课时为单位规划）或者方案 2（以活动/任务为单位规划）；

②学习任务/活动要相对完整，能够涵盖主题内容结构，并与单元课时匹配；

③学习任务/活动的教学过程可采用图文结合方式表达；

④注意学习任务/活动的名称和活动内容等与主题概述保持一致，学习任务/活动的目标应该指向单元学习目标；

⑤如果把任务作为总领性的学习活动（即系列性学习活动作为一个任务），同样参考方案 1 或者方案 2 设计；

⑥考虑到各学科教学过程描述的复杂性和多样性，单元或者课时教学过程呈现形式和描述方法由设计者决定。

续表

持续性学习评价（指教师或者同伴对学生的评价）	
需要评价的活动	**7. 评价建议（方案1：针对任务/活动描述）**
活动 A 名称	（依据单元学习目标，针对挑战性学习任务，呈现评价内容、评价指标、评价方法和赋值方法等。选择评价内容和设计评价指标时，无须面面俱到，尽可能抓住关键，体现深度学习的五个特征；倡导伴随学习任务/活动的评价）
活动 B 名称	
活动 C 名称	
……	
评价要素	**7. 评价建议（方案2：针对单元整体描述）**
评价内容	（简述单元评价内容）
评价指标	（简述针对单元评价内容的关键表现）
评价方法	（简述针对单元评价内容或者评价指标的评价方法）
赋值方法	（简述针对评价内容或者评价指标的赋值方法与标准）

操作建议：①持续性学习评价可以针对需要评价的关键学习任务/活动描述，也可以针对单元整体描述；②简要说明评价内容（如兴趣态度、团队精神、问题意识、设计能力、表达表现、结果解释等）；③列出针对评价内容的关键表现，形成评价指标；④简要说明各评价指标的评价方法（如观察、对话、操作、练习、检测、问卷等）；⑤简要说明各评价指标的赋值方法与标准（评价结果呈现）；⑥呈现重要的评价工具（自选项）；⑦持续性学习评价可以与挑战性学习任务结合在一起撰写，可以不采用表格方式，单独顺序编制；⑧课堂的持续性学习评价不宜过多，也无须求全，注意操作的可行性。

*持续性学习评价说明	（简要阐述主题持续性学习评价的设计思路，以及与教学过程的结合）（自选项）

8. 反思性教学改进（实施后填写）

（基于各课时反思性教学改进，汇总形成单元反思性教学改进设想，即主要经验或者需改进的方面）

*9. 单元作业（各课时作业的汇总）或者学业评价（单元结束后的测试）（自选项）

[单元作业/测试需要体现结构化（主要是对目标的解释性和作业类型）和导向性（主要是体现对学科核心素养的导向）要求。由设计者选择，并作为附件提供]

课时教学设计示例各栏目基本要求（撰写1—2个典型课时教学设计示例，可以作为附件单独呈现）

续表

第 * 课时	(填写课题名称)

课时教学设计（着眼呈现设计的结果，一般不对设计的原因和理论做展开）

1. 课时教材分析	(基于课程标准分析教材，简要说明教材的内容主旨和教学思路)
2. 课时学情分析	(分析学生的生活、知识、活动、方法等经验的基础和可能存在的困难)
3. 课时学习重点	(基于课时教材分析，确定学习重点，体现内容主旨)
4. 课时学习难点	(基于课时学情分析，说明学习难点及解决难点的措施)
5. 开放性学习环境	(简要说明或者列出开放性学习环境的整体情况，如实验设备器材、桌椅摆放、黑板、多媒体设备、智能终端等物理环境以及数字资源、软件工具、网络平台等虚拟环境)

操作建议：①钻研课程标准和教材，注意课时教材分析与主题概述保持关联性，提炼内容主旨，形成教学思路；②经验和证据相结合，做到学情分析的具体化和针对性；③呼应主题概述，结合学情分析，形成学习重点和难点（重点、难点可能一致）；④课时教学设计示例可以不采用表格方式，单独顺序编制，作为单元教学规划的附件。

课时学习目标（单元学习目标的具体化）

单元学习目标	6. 课时学习目标	对应关系说明
a b ……	(呼应单元学习目标，描述课时学习目标，一条课时学习目标可以对应多个单元学习目标，注意兼顾任务/活动的目标指向)	(针对各课时学习目标，填写对应的单元学习目标的编码)

课时教学过程

学习活动/任务	7. 教学过程	评价建议
活动/任务 1 名称 活动/任务 2 名称 活动/任务 3 名称 ……	(呈现任务/活动名称，具体描述任务/活动的内容、过程、环境等，标注与目标关联。以任务/活动为线索描述教学过程，建议针对活动/任务开展的要素或步骤，具体描述教师、学生、环境的相互作用方式或要求，体现做想讲练的结合。根据需要对部分学习任务/活动提出评价建议)	(见持续性学习评价)

续表

操作建议：①课时教学设计示例要呈现相对完整的教学过程；②课时教学过程以学习任务/活动为单位，建议提炼学习任务/活动的关键要素（如情境导入和活动准备、活动展开、活动总结、活动拓展或者完成任务的步骤），具体描述教师、学生、环境的相互作用方式或要求，体现做想讲练的结合；③根据需要，对部分学生自主性活动/任务（如探究任务/活动、制作任务/活动、阅读任务/活动、交流任务/活动、练习任务/活动等）可以提出评价建议，评价不宜过多，也无须求全，注意操作的可行性；④建议采用流程图反映教学全过程；⑤考虑到各学科课时教学过程描述的复杂性和多样性，课时教学设计示例描述的具体形式和详略程度（本学科教师能够理解），由设计者决定。

8. 课时教学板书设计

（反映课时教学过程的关键信息，体现结构化、逻辑化、艺术化）

操作建议：提供板书照片或 PowerPoint 演示文稿。

9. 课时作业设计

（提供课时课外作业，说明作业与学习目标的关联）

操作建议：①选取教材中的配套作业，或者提供自编作业；②注意体现作业类型的丰富性。

10. 课时教学反思

（基于学生的参与表现和学习结果等证据，从教学目标达成、教学设计与实施的优点和不足等方面进行反思，提出改进设想）

附 录 三

单元教学设计说明

1. 单元：①单元是能够整体落实学科核心素养的基本学习单位/课程单位（包括目标、内容、过程、评价、时间等）；②单元学习围绕体现大观念、大概念的学习主题开展，强调内容组织结构化和内容呈现情境化；③单元教学过程通过系列化、自主性、进阶性活动来组织。

2. 主题：①主题指向单元核心内容；②主题反映学科本质和大观念、大概念，能促进学生建构学科知识体系，建立与真实世界的联系；③主题在内容的结构化与情境化以及育人的意义与价值等方面具有引领性。

3. 教学案例：应该包括教学设计、教学实施、教学反思三部分。本单元教学设计基本要求主要反映指向学生深度学习的教学设计（包括单元教学规划和课时教学设计示例）和教学反思两部分。建议教学实施采用视频课（以课时为单位，或者以学习任务/活动为单位拍摄）补充。

4. 单元教学规划和课时教学设计的关系：①单元教学规划各栏目侧重结构化设计，概括性描述，体现整体性；②课时教学设计示例各栏目在单元教学规划基础上侧重具体化呈现，建议从教师引导、指导、阐述和学生做想讲练两方面具体描述，体现操作性；③课时教学设计是对单元教学规划部分内容的具体展开。

5. 教学过程：①教学过程采用系列化任务/活动作为教学环节来呈现；②针对构成任务/活动的要素来描述各任务/活动（如针对情境引导和任务/活动的准备、展开、总结、拓展或者完成任务/活动的步骤等要素来描述各任务/活动，供各学科参考）；③各学科也可以以其他要素为逻辑设计教学过程，如以问题或者对话为要素设计教学过程。

6. 作业/测试：作业/测试需要体现结构化（主要是对目标的解释性和作业类型）和导向性（主要是体现对学科核心素养的导向）要求。

附 录 四

单元教学设计评估要求

1. 单元选择：能够作为整体落实学科核心素养的基本学习单位。

2. 主题设计：能够概括核心概念、内容结构、呈现方式、教学过程、育人价值等，在内容的结构化与情境化、任务/活动的系列化、自主性、进阶性以及育人的意义与价值等方面具有引领性。

3. 目标设计：①单元和课时学习目标能够体现学科核心素养要求，引导任务/活动设计；②课程目标→单元目标→课时目标体现具体化过程，并建立关联。

4. 教学过程：①能够以任务/活动为环节呈现单元和课时的教学过程；②任务/活动设计指向学习目标，体现系列化、自主性、进阶性，呈现教师引导、指导、阐述与学生做想讲练的结合；③单元教学过程设计侧重结构化，课时教学设计侧重具体化。

5. 评价设计：能够依据学习目标、伴随任务/活动，着眼教学改进，呈现评价内容（结果与过程）、评价指标（关键表现）、评价方法（注意操作性）和赋值方法（结果表达）。

出 版 人　郑豪杰
策划编辑　池春燕
责任编辑　闫　景
版式设计　孙欢欢
责任校对　马明辉
责任印制　叶小峰

图书在版编目（CIP）数据

深度学习：走向核心素养. 学科教学指南 高中信息
技术／李锋等著. --北京：教育科学出版社，2024.12
（深度学习教学改进丛书／张国华主编）
ISBN 978-7-5191-3431-0

Ⅰ.①深…　Ⅱ.①李…　Ⅲ.①计算机课—高中—教学
参考资料　Ⅳ.①G634

中国国家版本馆 CIP 数据核字（2023）第 023187 号

深度学习教学改进丛书

深度学习：走向核心素养（学科教学指南·高中信息技术）
SHENDU XUEXI：ZOUXIANG HEXIN SUYANG（XUEKE JIAOXUE ZHINAN·GAOZHONG
XINXI JISHU）

出 版 发 行	教育科学出版社		
社　　　址	北京·朝阳区安慧北里安园甲 9 号	邮　　编	100101
总编室电话	010-64981290	编辑部电话	010-64989593
出版部电话	010-64989487	市场部电话	010-64989009
传　　　真	010-64891796	网　　址	http://www.esph.com.cn
经　　　销	各地新华书店		
制　　　作	北京金奥都图文制作中心		
印　　　刷	河北鹏远艺兴科技有限公司		
开　　　本	720 毫米×1020 毫米　1/16	版　　次	2024 年 12 月第 1 版
印　　　张	16.25	印　　次	2024 年 12 月第 1 次印刷
字　　　数	205 千	定　　价	55.00 元